CAPITAINE PAIMBLANT DU ROUIL

1417-1450

LA NORMANDIE DÉLIVRÉE

FORMIGNY

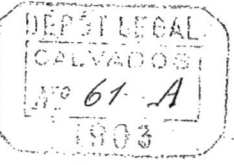

1417-1450

LA NORMANDIE DÉLIVRÉE

FORMIGNY

Capitaine PAIMBLANT du ROUIL

LAURÉAT DE L'INSTITUT

(Académie des Sciences Morales & Politiques)

1417-1450

LA NORMANDIE DÉLIVRÉE

FORMIGNY

MÉMOIRE RÉCOMPENSÉ

PAR LA

SOCIÉTÉ DES SCIENCES, ARTS ET BELLES-LETTRES DE BAYEUX

PRÉCÉDÉ D'UNE LETTRE

DE G. D'ESPARBÈS.

27 Février 1903.

Mon Cher Capitaine,

J'ai lu avec bonheur votre œuvre patriotique : La Normandie délivrée. C'est beau, honnête et fort. C'est dicté par un esprit pur et clair, écrit par une main ardente. Ces pages vivent et vivront. Ce sont d'admirables matériaux normands ajoutés au grand édifice Français.

Notre mal, j'y pensais surtout en vous lisant, c'est notre manque de vie locale, notre incapacité de coopérer d'ensemble et utilement. Si l'on se doutait comme vous, que le patriotisme de « grande patrie » nous vient du régionalisme, de notre amour inné et invétéré pour les petites aïeules éparses dans le pays, pour les petites villes, chacun, s'efforcerait de les chanter ou de les décrire. Je fais des vœux pour que votre noble exemple soit suivi.

C'est dans la petite cité, dans la province, que le patriotisme prend sa source classique. Tout ce que nous avons de généreux et de spontané nous vient de là. C'est la bonne ville et la bonne province qui firent la grande France. Vous venez de marquer pour les jeunes normands qui vous liront le point de départ de leur enthousiasme. Ces sortes d'explorations sur le terrain natal fécondent l'âme de jouissances infinies. Un tel bonheur, je l'ai vécu pour ma part en rendant hommage à ma première nation, la Gascogne.

Voilà l'une des mille choses auxquelles je pensais en lisant cette précieuse brochure, que j'espère avoir un jour dans ma bibliothèque, avec une dédicace de votre main. J'en aurai souvent besoin, moi qui vis surtout dans le passé, avec mes morts, nos morts, les chers morts toujours vivants de la France.

Mais ne me demandez pas de présenter (?) un livre qui se présente si bien lui-même, dès le vestibule (comme en ce moment). Votre œuvre n'a vraiment nul besoin de préface. On est possédé de son sujet, animé de son souffle, dès les premières pages. A quoi bon ? D'ailleurs, mon cher Capitaine, vous avez trop bonne opinion de moi. Des préfaces ? J'aurais bien plus besoin d'en demander que d'en écrire.

Oui, vraiment, j'ai toujours refusé un pareil honneur. J'ai eu quelques amis généreux, qui me prêtèrent volontiers le surplus de leur cœur et m'offrirent de partager ainsi leurs succès. Je fus tenté, mais je résistai et fis bien. C'est en souvenir d'eux, par amitié pour eux, que je vous prie aujourd'hui de ne pas insister. Qu'ajouterait ma voix, du reste, aux applaudissements que je vous souhaite et prédis. Qu'ajouterait mon nom ? Un flot n'est pas l'Orne, une cloche n'est pas Bayeux.

Mais, merci, merci de tout mon cœur, d'avoir songé à m'offrir une part de la reconnaissance que vous devront bientôt vos concitoyens.

J'espère, un jour, dans un de mes voyages, aller vous serrer les mains. Car, je ne vous ai pas encore vu, mon cher Capitaine, et cependant je vous aime.

Veuillez, je vous prie, agréer, avec mes remerciements, l'expression de mes sentiments affectueux.

G. d'ESPARBÈS.

LA NORMANDIE DÉLIVRÉE

LE BESSIN PENDANT L'OCCUPATION ANGLAISE

FORMIGNY — 1417-1450

DIVISION

I

INVASION — CONQUÊTE

Vue sur le Bessin depuis le Mont Phaunes. Coup d'œil rétrospectif (1450-1417), p. 1.

Sombres rumeurs. Portrait d'Henri V, roi d'Angleterre. Descente des anglo-saxons à l'embouchure de la Touques. Marche détournée sur Caen — Oyestreham forcé, p. 1 à 3.

Siège de Caen. Macabre détail. Les braves du Bessin, escarmoucheurs du *Grand Jacques*, à Rouen, p. 3 et 4.

Préparation de l'investissement de la capitale du Bessin. Prise des châteaux-forts de Creully, de Villiers-sur-Port, de Tilly, de Vaux-sur-Seulles, de Lingèvres, p. 4 et 5.

Les Anglais à Bayeux, p. 5 et 6.

Déblaiement des accès vers le Cotentin. Siège des forteresses de Cerisy, de Beaumont, de Neuilly-l'Evêque, de Colombières, de Maisy, d'Osmanville, p. 6.

Prise d'Isigny, Passage des gués des Veys. Irruption dans le Cotentin, p. 6 et 7.

Siège de Rouen. Vaillances qui y furent faites. Combat de Robert d'Argouges contre le géant *Brun*, à Bayeux (1105) et du bâtard d'Arcy contre le chevalier anglais Jean-*le-Blanc*, à Rouen (1418), p. 7 et 8.

Achèvement de la conquête de la Normandie. Mort d'Henri V et de Charles VI. Présage. JAMAIS ! p. 8.

— IV —

II

OCCUPATION — DÉVELOPPEMENT DE L'ESPRIT NATIONAL

La justice exercée par les occupants. Diplomatique modération et cruautés d'Henri V. Déclaration du duc de Bedford, p. 9 et 10.

Comment furent traités la Noblesse et le Clergé, les Bourgeois et le Peuple. Extraordinaires audaces de Mixoudin. Résistances unanimes. Nouvelles formes des hommages, p. 10 à 13.

État d'âme déjà ancien des populations. Irrévérencieuse épitaphe, p. 13 et 14.

Poètes patriotes normands : Olivier Basselin, Alain Chartier, *Maître Robert* (Blondel). Explosions du patriotisme, p. 15 à 17.

Le sentiment national chez les Femmes. « *La Fille du Roy à marier* » ; Pérette de la Rivière, Dame de la Roche-Guyon, p. 17 et 18.

Insurrection des *Quatrepié*. Le *Brigandage* des patriotes. Le Couvre-feu, p. 18 à 20.

Propos de table. Espoirs, p. 20.

Le droit des nationalités, p. 21.

III

FORMIGNY — LA NORMANDIE RECONQUISE

1429 : Entrée de Jeanne d'Arc à Orléans. Réorganisation de l'armée française par Charles VII. Combat *aqua fique* dans les gués de Saint-Clément. — 1450 : La journée de Formigny. Récit de l'un des combattants, Guillaume Gruel, rédacteur des *Mémoires du Connétable de Richemont*, p. 23 à 27.

Où le vent se met de la partie de ceux de France, p. 28.

Avalanche de bœufs encornés de faulx, p. 28.

Le village. Saint-Martin et M. Saint-Loys. Évocation des temps de la bataille. Aujourd'hui. Chapelle, borne et monument commémoratifs de Formigny, p. 29 et 30.

Mort d'Olivier Basselin, p. 30.

Le Mont Saint-Michel résiste victorieusement pendant toute l'occupation anglaise, p. 30.

Apparition de Saint-Regnobert, p. 31 et 32.

Bayeux redevient français, p. 32.

NORMANNIA LIBERATA ! p. 33.

TOUJOURS ! p. 33.

IV

APPENDICE

Notes, justifications et développements.

Le Calvados, p. 35.

Fosses du Soucy — Légende, p. 35.

— V —

Le Mont Phaunus. Collège de Druides. Othon Ier de Conteville, Saint-Vigor, p. 35 et suiv.

. . . .
Vieux titres de Bayeux et de ses habitants, p. 36.
Demi-lunes, p. 36.
Défense de Houistreham par le général-sergent Michel Cabieu, p. 36.

. . . .
Souvenirs du siège de Caen, p. 37.
Le général Maury chargeant, quoique mort, à la *Bataille des Géants*, Leipsig 1813, p. 37.

. . . .
Ruines de l'église ferme-château de Villiers-sur-Port, p. 37.

. . . .
Henri V d'Angleterre à Bayeux, p. 38.
Guillaume-*le-Batard*, poursuivi par les barques normands rebelles, p. 38.
Argouges. Légende de la fée. Le géant Bu n-*le-Danois* occis par Robert d'Argouges. Château, ferme et chapelle, p. 39 et suiv.

. . . .
Inscription sur une tour de la Cathédrale de Bayeux, p. 42.

. . . .
Date de la mort d'Olivier Basselin, p. 42.
Alain, Guillaume et Jean Chartier, p. 42 et 43.

. . . .
La Comtesse de la Roche-Guyon et Henri IV : *A renard gascon, fine poule de Normandie*, p. 43 et suiv.

. . . .
Accessoires de défense, p. 45.
La *lance*, unité tactique, p. 45.
Ingéniosité : les bœufs du général Dewet, p. 45.
Saint-Martin et *Monsieur Saint-Loys*, p. 45.
Cannes à lait, p. 45.
Saint-Regnobert, 2e évêque de Bayeux, p. 46.
Horloge à carillon de la Cathédrale de Bayeux, p. 46.
La Chamade, p. 46.
Le *Tumultus*, p. 46.
La cloche de Fontenailles, doyenne des cloches de France, p. 46.
Engloys coues — Hommes à queue, p. 47.

. . . .
TOUJOURS ! p. 47.

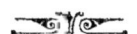

I

INVASION — CONQUÊTE

Le Bessin, compris entre l'Orne et la Vire, s'enfonçait dans les futaies du Bocage, jusqu'à plus de 15 lieues, depuis le bord de la mer : au levant, la rivière d'Orne le séparait de la région hyesmoise (1) (*) *de la Campagne de Caen*, située de l'autre côté de l'eau ; tandis qu'à la Vire, commençait le Cotentin. Seules, quelques enclaves, à l'Est et à l'Ouest, rendaient moins absolue la ligne de ces frontières ; la capitale était Bayeux (2).

Sur la rive droite de l'Aure, à une grande heure de chemin, en amont des fosses du Soucy (3), c'est le Mont Phaunus (4), d'où, après la pente gravie, on embrassait du regard la métropole du Bessin et, au loin, les campagnes fertiles. En ces temps de guerre, les champs n'étaient peut-être pas cultivés comme ensuite ; tout de même, l'aspect des bois moutonnant, des prairies, par lesquelles ondule le cours de la rivière, et de toutes les verdures, assemblées dans une harmonie, était bien attrayant.

L'œil, sans pénétrer dans le dédale des rues et des ruelles ; entre les maisons ornées de sculptures pieuses ou grotesques, avec les étages en surplomb, rencontrait un chaos de pignons et de toitures, d'où pointaient les clochers et les flèches aériennes : clochetons des monastères, companiles des églises, pyramides de la Cathédrale.

Le Palais des évêques et le corps de la basilique (chien géant allongé, — les oreilles et la queue droites (5) — veillant sur le troupeau), élevaient deux grands massifs de pierre.

En lignes couchées aussi, les murailles de la cité (6) dominaient la coin-

---

(*) Trouver à l'Appendice (IVe Partie), le détail des renvois numérotés dans le texte.

ture des fossés et, flanquée de tours, l'enceinte du château enfermait le donjon, le palais ducal et la chapelle Saint-Ouen. Enfin, les ponts-levis s'abritaient derrière le solide épaulement des demi-lunes (7). Ainsi étaient préservées les portes, contre l'explosion des pétards et les premières insultes des assaillants.

L'ascension dans l'échelle des dates, depuis l'arrivée des Anglais, par l'embouchure de la Touques (en 1417), jusqu'à la journée de Formigny (en 1450), donne l'impression d'une tragédie très sombre, achevée dans un radieux dénouement.

La sécurité détruite, lors de l'invasion de 1415, renaissait à peine, qu'un bruit lamentable courut dans les villes et par les campagnes du Bessin : *L'Anglais a repris pied en Normandie ; il revient sur la proie abandonnée un instant !* (1417).

Tôt, cette rumeur fit place à une réalité terrible.

Mis en confiance et en espoir par la récente victoire d'Azincourt (1415), dont ils n'avaient pu poursuivre le succès, faute de suffisantes ressources, les Anglais réapparaissaient ; avec tout le nécessaire, cette fois.

C'est par l'embouchure de la Seine, près de laquelle il avait gardé un point d'appui, à Harfleur, qu'on pouvait prévoir le retour d'Henri V ; aussi, fut-on justement effrayé, quand on sût son arrivée, au fond du golfe de Normandie. De la sorte, le Bessin se trouva immédiatement menacé et les forces de la Province furent coupées en deux.

D'un coup, le roi d'Angleterre allait justifier la réputation de premier homme de guerre de son temps, demeurée autour de sa mémoire. Les orageuses folies de sa jeunesse avaient fait place à une maturité d'esprit et à une sagesse surprenantes. Se prétendant, de droit, héritier du duché de Normandie et de la Couronne de France, « il s'annonçait, comme investi d'une mission divine, pour châtier et réparer les iniquités des Français » (8). Diplomate dangereux, administrateur, aux méthodes rapidement variées, il fut, plus encore, un stratège éminent. A un moment où la supériorité guerrière consistait dans l'impétuosité des attaques de front, il eut la divination des procédés ultérieurs de l'art militaire. Sachant organiser les moindres détails de l'armée, il sut aussi la rendre mobile et choisir les champs de bataille, pour son meilleur avantage. Courageux pendant l'action, il excellait à évoluer en vue des résultats visés. Alors qu'on cherchait seulement à en venir brillamment aux mains, lui se consacrait à une préparation combinée, directrice des entreprises. Ensuite, il donnait bravement en toute rencontre.

Avant de s'en prendre aux forteresses les plus puissantes, il les entourait d'un vide, qui tarissait les espoirs de secours et les possibilités pour le renouvellement des vivres épuisés ; achevant alors ses savantes manœuvres, pareilles aux cercles de l'oiseau chasseur autour du roitelet, il enserrait concentriquement les places convoitées. Ainsi, dans l'isolement, les assiégés voyaient les forces assiégeantes, qui battaient les murs, se renforcer par les fatigues, les maladies et les famines qui se développaient bientôt parmi eux.

Comme la chute des fruits mûrs, les redditions étaient des éventualités fatales et prévues.

Avec un ennemi de telle valeur tout était à craindre et les sinistres prévisions ne furent pas démenties.

. . . .

> D'Angleterre en France venant
> Cestuy vieil ennemi sauvage,
> Mis en fureur toute sa vie,
> A passé de mer le rivage,
> En grant quantité de navie (9).

En 1417, Henri V qui, depuis deux ans, s'ingéniait au perfectionnement d'une puissante armée, se trouva prêt et mit à la mer une flotte immense, rappelant celle qui avait conduit les Normands jusqu'en Angleterre, en 1066. Le 1ᵉʳ août, il débarquait, à l'embouchure de la Touques, avec 47,000 hommes. Trois jours après, capitulait le château de Bonneville-sur-Touques. Le 7, celui d'Auvillars avait pareil sort et des détachements, rayonnant du corps principal, allaient, l'un, assiéger Honfleur, qui tint bon ; un autre enlever Lisieux, ville ouverte, qui ne put faire résistance.

Henri V, lui, marcha au sud-ouest et exécuta, autour de Caen, la manœuvre enveloppante qui, toujours, devait lui réussir. Ce n'était pas *le chemin des écoliers* : mais celui d'un maître. Le 13 août, il était à Dives. En même temps, convergeait, vers le même but, un convoi de grosse artillerie, qui, l'embouchure forcée, remonta le cours de l'Orne, en bateau (10). Toutes les communications interceptées, le 18, la ville se trouva rigoureusement investie. La défense fut désespérée et cette place — lisière du Bessin — ne céda qu'à un assaut terrible, le 4 septembre 1417. Le sire de Montenay, gouverneur pour le roi de France, enfermé dans le château, tint encore et fit des prodiges. Il dut enfin se rendre, le

149. Avec 7,000 combattants, il avait tenu tête à une armée de près de 150,000 hommes.

5. Caen pris, l'entrée triomphale d'Henri V le fit passer par le *Vieux Marché* (11) ; où l'on s'était battu avec acharnement, et où s'amoncelaient. pêle-mêle, des hommes d'armes tués, et des cadavres de femmes et d'enfants. Le roi d'Angleterre, arrivant au milieu de cette boucherie, aperçut « une femme décapitée. qui tenait encore dans ses bras. l'enfant qu'elle allaitait » (12) au moment de la mort, apportée par les anglo-saxons, — les ennemis d'alors.

Le souvenir de cette scène de carnage (13) évoque celui d'un épisode plus moderne de la bataille de Leipsig, en 1813 : le général baron Maury, le bras coupé et la tête emportée par un boulet, demeura en selle et, pendant un instant, on le vit, poussant toujours la charge vers l'ennemi, — les saxons d'aujourd'hui (14).

Après le sac de la ville, 25,000 personnes — plus de la moitié sans doute de la population — émigrèrent de force ou volontairement (15). Un an après, on retrouve ces mêmes bourgeois, gentilshommes, soldats et damoiselles, — représentant des braves patriotes du Bessin, — réunis aux défenseurs de Rouen. « Reculant pas à pas devant les progrès de la conquête, ils se retiraient dans les places qui tenaient encore. y portant une haine vigoureuse contre l'étranger et l'exemple de la résistance » (16). A Rouen, *Le Grand Jacques*, guerrier sage et de grand mérite, était capitaine des Caennais, mis hors de chez eux, et des hommes de toutes les villes d'alentour » (17).

Préparant la perte de Bayeux, l'envahisseur attaqua d'abord les forteresses environnantes qui. l'une après l'autre, tombèrent en son pouvoir. Clef du Bessin. du côté de la mer, le château de Creully. qui domine la Seulles de ses fortes murailles, assiégé par le comte de Huntingdon. succomba le premier. Dépouillé. son possesseur, le baron Guillaume de Vierville, perdit en même temps tous ses autres domaines. Moins éprouvés. les vassaux des 27 paroisses de la baronnie, placés sous la protection immédiate du roi d'Angleterre, reçurent du vainqueur la concession de leurs propres biens : mesure qui. déguisant la violence de la capture. cherchait à lui donner l'apparence d'un bienfait. Fallacieuse générosité ! Tout de même. Henri V eût pu partager la conquête entre les siens; comme il l'avait déjà fait et comme il le fit. le plus souvent dans la suite. s'inspirant de l'exemple de Guillaume-*le-Conquérant* qui, jadis. avait donné l'Angleterre à ses compagnons d'armes.

Après Creully, ce fut Villiers-sur-Port, forteresse située près de Port-en-Bessin. Elle dût se rendre, le 2 septembre ; mais sa brave contenance valut les honneurs de la guerre à la garnison et à ses chefs, Raoul de Couvert et Thomas de Surrain (18) :

« Le très excellent roy de France et Dengleterre, de sa bénigne grâce, ottroie à tous ceulx esteantz dedeins le dict chastelle ou forteresse, leurs vies avec toutes leurs biens, harnois, chivalx, jaiaix, armures et aultres choses queconques, hormys vitaille et artillarie..... pourront et averont tems de vuider ledict chastelle ou forteresse ».

(*Traité de Capitulation*).

Puis, ce fut Tilly, fief de Philippe d'Harcourt. Défendu par Bardin Rimache, emporté par Jean Gray, il fut donné en récompense au vainqueur.

Le manoir fortifié de Vaux-sur-Seulles tomba ensuite au pouvoir de Guillaume Angleston, auquel il fut attribué.

Enfin, Lingèvres, fief de l'abbesse de Cordillon, dût se rendre, malgré la valeur d'Eustache de Saint-Pierre.

Dès lors, la capitale du Bessin est isolée. L'air se raréfie, l'investissement se resserre : bientôt, à bout de souffle, Bayeux succombera aussi.

A défaut d'un « *Journal détaillé des opérations de la Défense* », la teneur des pièces, relatives à la capitulation (19), rétablit la physionomie du siège.

Prince avisé, Henri V, non seulement ne courait pas au devant d'inutiles difficultés, mais cherchait à en éviter le risque. Avant d'en venir aux coups, toujours il essayait de la persuasion. A propos de Bayeux, dans ses *Chroniques* (20), le moine de Saint-Denys, Jean, frère d'Alain Chartier, revient, à maintes reprises, sur les prudences du roi anglais, dont il montre l'effort se brisant contre la fierté des bayeusains. « En vain, dit-il, il envoya des messagers de paix à Bayeux, pour l'engager à se rendre, promettant de confirmer les anciennes franchises des habitants ; afin qu'ils pussent, comme leurs ancêtres, goûter les douceurs du repos et de l'aisance ». Ces députés portaient « l'assurance et l'engagement de la parole du roi, qu'il les gouvernerait pacifiquement ». Rien n'y fit !

Après la prise de Caen, il renouvela ses instances auprès de la ville et de la garnison de Bayeux, qui ne les écoutèrent enfin, deux semaines plus tard, qu'après l'envoi de quatre délégués, pour vérifier sur place, la nouvelle annoncée de la chute de la ville de Caen.

Depuis le 3 septembre, Bayeux était investi par les troupes du duc de Glocester, frère du roi.

Sont à retenir les très honorables articles II et III du traité, octroyant à Bayeux des conditions aussi satisfaisantes que celles précédemment consenties pour Villiers-sur-Port :

II. *Item*, est accordé que tous les gens et habitans du dit chastel et ville de Baieux, tant nobles, chivalers, escuiers, gens darmes et de trait, chanoines, prestres, bourgeois, varletz, serviteurs et aultres gens, de quelque estat qu'ils sont, lesquelles veulent se départir de la ditte ville et chastel. S'en iront francement, eulx et leurs biens, tant harnoys de guerre, chevaulx, que aultres biens qui leur sont propre, quelque part qu'il leur plaira.

III. *Item*, auront, les capitaines et tous les soldeurs, à présent de dens le dit chastel et ville, si bien gens darmes comme de trait, après la rendue du dit chastel et ville, avec tout leur propre harnoys, chevaulx, biens quenconques, le terme de quatre jours, après qu'ils auront notice par leurs messages, de la reduction du chastel et donjeon de Caen ; à compter du jour que leurs messages seront revenus.

Bayeux, sauvegardant l'honneur, n'avait transigé qu'après la chute constatée de la ville voisine (21), dont on pouvait, jusque là, espérer de l'appui (22).

Sans retard, Henri V, cherchant à rendre libres les routes vers le Cotentin, soumit, de ce côté, plusieurs châteaux-forts du Bessin : Cerisy, puis Beaumont, puis la forteresse plus importante de Thorigny, auxquels il donna des capitaines anglais : Thomas Halghton, Thomas Warde, John Popham. Le château de Neuilly, baronnie des évêques de Bayeux, constituait un solide point d'arrêt. Défendu par Thomas de Creuilly, rudement attaqué par le capitaine anglais de Caen, Gilbert d'Umfréville, il succomba le 15 mai 1418.

Après Neuilly-l'Evêque, fut prise Colombières, une des plus anciennes chatellenies de la Province, dont le fief passa, d'Olivier de Colombières, aux mains anglaises de Richard Drayton.

Ensuite, eut lieu la reddition des châteaux de Maisy et d'Osmanville et du fort de la Ramée, qui défendait Trévières. Jacques Hoguet, chevalier d'Angleterre, reçut le domaine de Maisy.

Enfin, Isigny capitula ! Cette place était d'autant importante qu'elle gardait les gués des Veys. Après sa prise, accompagnée de ravages, tout de suite fut franchie la rivière de Vire et le Cotentin se trouva envahi. Ce passage réclamait des prudences et il reporte l'esprit vers celui de Guillaume-*le-Batard*, fuyant devant la criminelle poursuite des barons normands (23). A marée basse, on passait au gué, près de Saint-Clément, à trois kilomètres d'Isigny ; il fallut tout de même marcher, pendant deux heures, dans l'eau et celle-ci, à certains endroits plus profonde, obligea les fantassins à monter en croupe. Aussi, fut utilisé le passage du Petit-Vey, moins éloigné d'Isigny.

La conquête du Bessin était achevée et, après la traversée de la Vire, l'occupation du Cotentin ne tarda pas.

En 1418, Henri V lança son autre frère, le duc de Clarence, dont l'impétuosité aimait les coups d'avant-garde, dans la direction de Rouen. Continuant sa précédente tactique, le roi, dont l'action raisonnée tempérait la hâte des convoitises, coupa d'abord les communications de la métropole normande, tant du côté de la mer, qu'avec le reste de la Normandie et avec Paris. La prise de Pont-de-l'Arche lui donna le cours de la Seine, au-dessus de Rouen, tandis que son établissement à Harfleur, lui garantissait la possession du bas fleuve. Alors seulement, tous ses pas assurés, il précipita sa marche et Rouen fut hermétiquement enfermé dans une circonvallation continue, trait de communication entre les assiégeants.

Chaque jour, comme toute histoire, celle de Normandie est un renouvellement, peu ou pas modifié, des événements du passé. Le souvenir du haut fait de Robert d'Argouges, défaisant, en combat singulier, Brun-*le-Danois*, champion anglais des troupes d'Henri-*Beauclerc*, se réveilla dans les mémoires bayeusaines (24), quand on apprit la prouesse accomplie par Laghen, le valeureux bâtard d'Arly, au cours de la résistance de Rouen.

Un chevalier d'Angleterre, fameux pour sa force, son adresse et son courage, Jean-*le-Blanc*, lieutenant d'Harfleur, s'irritait d'entendre célébrer les mérites invaincus du bâtard, qui défendait, avec sa troupe, une porte de la ville, à l'ouest. Voulant le vaincre, il lui envoya un cartel de défi. « La gloire de Laghen offusquait la sienne : il le requérait de rompre trois lances avec lui ». Incontinent, le bâtard d'Arly répondit à la provocation.

Les deux champions se mesurèrent devant la porte de Caux. Grande était la foule des curieux, accourus des deux parts : de la ville de Rouen et du camp des assiégés. Mais l'action ne fut pas longue ; point besoin de trois lances : la première suffit ! Ayant foncé sur l'anglais, du premier coup, le guerrier normand perça son adversaire de part en part et l'abattit, mort, dans la poussière. « Il traîna ensuite par la ville, le vaincu et ses armes, aux acclamations de la garnison et des habitants..... les anglais rachetèrent le corps de Jean-le-Blanc des mains du vainqueur, au prix de 400 nobles d'or (25).

Escarmoucheurs aventurés du *Grand-Jacques*, les vaillants du Bessin, tenaces dans l'insoumission aux envahisseurs, s'étaient joints aux rouennais. Pendant six mois, les uns et les autres repoussèrent les attaques anglaises avec une constance infatigable ; malgré « la faim qui brisait les murailles » (26) ; malgré la mort de 60,000 d'entre eux et la désespérance où ils étaient de tout secours.

Telles, les opérations particulières au Bessin, en Basse-Normandie, ressortent dans l'ensemble de la conquête de la province normande, par Henri V, roi d'Angleterre.

« Du côté de l'attaque, — des forces supérieures et admirablement liées entre elles, des combinaisons savantes, une volonté opiniâtre ; — du côté de la défense, — des forces disséminées et sans cohésion, des efforts individuels héroïques ; mais fatalement impuissants » (27).

Le siège d'Honfleur recommencé, le pays de Caux et le comté d'Eu soumis, quelques rares places, — Ivry, Gisors, le Château-Gaillard, le Mont Saint-Michel — résistaient toujours.

Entouré de cette pompe orgueilleuse, qu'il affectait en semblables occasions, et « dans l'appareil d'un souverain et d'un conquérant », Henri V reçut les clefs de Rouen, dans la grande salle de l'abbaye des Chartreux. C'était le couronnement de la conquête. « Il était assis sur un trône et tout vêtu drap d'or » (28). Le long des murs, ses armoiries, soulignées de la devise « *Jamais !* », décoraient les tapisseries de haute lice. « *Jamais !* », mot de fâcheux augure, justifié dans la suite : faute de deux mois, l'Anglais ne pût ceindre la couronne de France, dont il avait été déclaré héritier présomptif : Henri V mourut le 14 août 1422, et, Charles VI, son beau-père, le 22 octobre d'après. Avec leurs successeurs, Henri VI et Charles VII, les destinées changèrent.

« *Jamais !* » — La France aux Anglais ? — Non. « *Jamais !* »

II

OCCUPATION — DÉVELOPPEMENT DE L'ESPRIT NATIONAL

La domination anglo-saxonne s'organisa sans retard. Tout d'abord, les officiers de justice, qui exerçaient pour le roi de France, dépouillés de leurs charges, furent remplacés par des Anglais. Le changement des personnes effectué, la législation demeura à peu près la même, troublée seulement par l'arbitraire des occupants. Guillaume-*le-Conquérant*, en effet, avait doté l'Angleterre des lois normandes et quand, à leur tour, les Anglais eurent conquis la Normandie, ils y trouvèrent les mêmes us et *Coutume* que chez eux.

« Il est probable, dit Pezet, que, pendant les trente-trois années d'occupation, l'administration de la justice fut déplorablement négligée. Le pays subit tous les désastres de la guerre et les monuments judiciaires d'alors nous apprennent qu'en Normandie, longtemps après la retraite des Anglais, pour se dispenser de représenter les titres d'héritage ou autres, on invoquait encore l'incendie des villes, le pillage des châteaux, la destruction des habitants, etc... Le Bessin dût être plus exposé à ces horreurs que le reste de la région » (29).

Si le régime eut parfois quelque régularité, d'ordinaire il fut féroce. « Le roi Henri, malgré son caractère de diplomatique douceur, se montra cruel dans la victoire. Maître absolu du Bessin, le tyran perçait sous la peau du politique » (30). Un enfant de Bayeux, Jean, *le moine de Saint-Denis*, historiographe de France, dit qu' « il abusait du droit qu'ont les Rois de punir la désobéissance. Ceux qui rejetaient ses sommations, ajoute-t-il, étaient passés au fil de l'épée... ...après avoir vu piller et saccager leurs biens ; . . . . . d'autres étaient soumis aux plus affreux supplices, puis contraints de s'exiler. Les mères. enfin, étaient réduites à s'expatrier, avec leurs enfants, hormis celles qui se résignaient à épouser des Anglais » (31). Les intermittences de modération étaient courtes, au milieu des violences sanguinaires.

« La Normandie captive, rapporte *Maître Robert*, subit le joug du Léopard : les uns sont chargés de fers, d'autres expirent dans les tourments ; ceux-ci tombent sous l'épée ; ceux-là fuient loin des champs paternels ; d'autres enfin rendent l'âme, accablés sous le poids de la tyrannie. Hélas ! tout manque, jusqu'au lieu de refuge, aux malheureux exilés ! Quel est le cœur si dur, qui retiendrait ses larmes, à la vue de tels maux ? En effet, quoi de plus doux que d'aimer la patrie et de plus cruel que de la perdre ! O amour du pays natal, plus précieux que l'or ! » (32)

Quelques mois après son avènement à la régence de Normandie, la déclaration rendue par le duc de Bedford, en application de l'Ordonnance d'Henri VI (du 14 janvier 1433) (33), est un probant réquisitoire, prononcé par l'envahisseur lui-même, contre les abus de la conquête :

« Nagaires avons entendu que, au dict duchié et païs de Normandie, plusieurs nos gens et officiers, capitaines et autres, soubs ombre de leurs offices, ont fait et font grans tors, abus et excès ; comme rompre églises et emporter les biens de dedens ; prendre et violer femmes ; battre inhumainement les povres gens ; oster leurs chevaulx et autres bestes labourans, et leurs blefs avec semences ; soy logier ès hostels des gens d'église, nobles, bourgois et autres, contre leur gré et voulenté, exiger, pour entrée et yssues des villes et passaiges, excessives finances et quentités de denrées et marchandises ; lever et prendre pensions sur villes et paroisses à nous subgettes et obéissans ; contreindre gens, outre leur deu, à faire guets et gardes ès villes et forteresses ; extorquer de eulx grans et indues sommes pour deffaulx et autrement ; prendre nos povres subgiés et les battre et justicier à leur voulenté, en les mettant en prisons fermées ; . . . etc. »

Deux cent quinze ans étaient passés, depuis que Philippe-Auguste (1204) avait rendu à la France sa province de Normandie, un instant rattachée à la Couronne d'Angleterre. Si, de l'autre côté de la Manche, les compagnons d'armes du *Conquérant*, oublieux de la mère-patrie, étaient devenus tout-à-fait saxons, les Normands, rentrés dans l'unité nationale, de plus en plus français, eux, étaient impatients du joug anglais, de nouveau subi. Frères, peut-être, Anglais et Normands étaient, assurément, des frères ennemis. Plus que par la mer, ils étaient divisés par de profondes antipathies.

On a vu les patriotes normands reculant, pied à pied, devant l'invasion, s'enfuir des places vaincues, refuser d'obéir aux capitulations et aller joindre leur tenace résistance à celle des forteresses encore debout. Ils succombèrent un à un ; pas tous, cependant, et, dans la liste des chevaliers, défenseurs du Mont Saint-Michel, demeurés invaincus, le Bessin est fier de compter quantité des siens : noms glorieux, perpétués jusqu'aujourd'hui, qui maintiennent le noble souvenir de ceux qui ne désespèrent jamais.

« Après que le roy d'Angleterre eust conquis toute Normandie, il fit crier, publiquement parmy les villes, que tous gens d'église, nobles et autres, qui vouldroient lui faire serement de fidélité et hommaiges, demourassent tranquilles sur leurs bénéfices, terres et seigneuries, et qu'ils veinsent devers lui ou ses lieutenans, pour ce faire ; à quoy la plus grande partie des *Seigneurs* et *Nobles* furent refusant, cognoissant qu'il n'estoit pas leur naturel seigneur » (34).

« A ce fils de leurs anciens ducs, à ce soi-disant roi de France, qui se présentait à eux, une main à l'épée, l'autre pleine de présents et de promesses, les Normands répondirent par des refus à peu près unanimes et par la plus opiniâtre des résistances » (35).

Impuissant à les soumettre, Henri V se vengea sur leurs domaines. Qualifiés *brigands* et *rebelles*, les vaillants et leurs familles furent dépossédés de leurs biens, pour le profit des conquérants et des rares Normands ralliés.

Si, dans le *Clergé*, quelques membres marquèrent une lâche condescendance, à l'endroit du vainqueur, ce fut le petit nombre. Les autres ne s'aveuglèrent pas aux munificences du roi d'Angleterre, si généreuses pour la faiblesse.

« A mesure que les Anglais s'avancèrent, un grand nombre d'ecclésiastiques se retirèrent du pays » (36). N'osant traiter de brigands et de rebelles les gens de Dieu, le roi les déclara *absents*. Le résultat fut le même : leurs revenus ayant été saisis, les réfractaires reçurent pour successeurs, des Anglais ou des complaisants. Ainsi qu'il ressort des remontrances rudes et hautaines, faites à l'évêque de Bayeux, la lente exécution des ordres royaux n'était pas au gré d'Henri V :

« Nous nous signifions donc, itérativement, disait-il irrité, comme nous l'avons déjà fait plusieurs fois que, nonobstant toute excuse frivole et tout motif controuvé, vous procédiez avec célérité contre lesdits *absents* ; de telle sorte que nous n'avons plus à vous récrire pour cela ».

Vaine insistance : les rangs du clergé s'éclaircirent de plus en plus, et si, « plus tard, on vit des théologiens normands siéger au procès de *la Pucelle* », il convient de rappeler que « c'est parmi ces mêmes docteurs normands que Jeanne d'Arc rencontra quelques juges sympathiques et des défenseurs, dont le dévouement n'était pas sans péril » (37). Aussi, doit-on ne pas oublier qu'Alain Chartier et *Maître Robert*, les chantres enflammés de la Patrie, étaient tous deux des clercs, dont s'honore l'Eglise de France.

Pas plus que les nobles et le clergé, *les Bourgeois* ne furent épargnés. Nombreuses sont les spoliations dont ils furent victimes et leurs noms forment aussi une liste mémorable pour le Bessin.

Dans *le Peuple*, à l'influence moins redoutée, les généreux sentiments ne furent pas inférieurs. « Muet, mais non résigné, il demeura à la charrue, attendant la revanche..... et l'Anglais dut s'apercevoir que somnolence populaire n'est pas oubli, quand éclata, en 1434, l'héroïque insurrection des *Quatrepié* ». (39)

Paysans et ouvriers furent braves aussi, et patriotes. Si les uns cultivaient encore la terre nourricière, les autres « animés d'un implacable esprit de vengeance, cachés dans les bois, dans les cavernes, dans de petits forts inaccessibles, faisaient une guerre de chaque jour, de chaque heure aux Anglais » (40). En vain fut organisée une police, chargée « tour à tour, de punir ces *brigands* ou de les ramener à la miséricorde » (41) du roi.

Au Bessin et dans le *pays plat*, la résistance atteignit le paroxisme. Entraînées par Mixoudin (42), — pseudonyme qui abritait quelque gentilhomme, traqué sous son véritable nom, — les populations se mirent en révolte armée. Dans l'ardeur de sa haine contre les Anglais, le mystérieux proscrit courut la campagne pendant deux ans (1418-1419), infatigable, répétant, chaque jour, embûches et surprenantes expéditions, pour l'incessant dommage des envahisseurs. Toujours et sans peur, payant de sa personne, il avait une réputation immense.

L'ubiquité de sa vaillance était partout à la fois et de nombreuses bandes, le reconnaissant pour chef, recevaient ses instructions et son mot d'ordre.

Quand, un matin, on n'eut plus à raconter les nouvelles prouesses de Mixoudin : « C'est, dit-on, que la mort l'a surpris au milieu de quelque coup d'audace ».

Le prince anglais, las de disséminer ses forces à l'infini, prit le parti de démolir « les châteaux qu'il ne pouvait garder » (43). Ainsi, à la date du

8 février 1422, il ordonna la destruction de la forteresse de Tilly-sur-Seulles, « afin, dit-il, qu'elle ne serve plus de repaire aux *brigands* ».

Une simple image, fournie par la réalité, indique la transformation, introduite, par l'occupation, dans l'existence des vaincus :

« Antérieurement, les redevances imposées à chaque terre » étaient accompagnées d'hommages qui « n'avaient, pour la plupart, qu'une forme symbolique : un chapel de roses ou de violettes, un oiseau de chasse, un cygne, une truelle..... etc. Henry V les remplaça par des armes, épées, lances, épieux, cuirasses, balistes..... etc., qui durent être déposés annuellement dans les forteresses du roi et approvisionner ses arsenaux » (44).

L'invasion, portée au rivage anglais par Guillaume-le-*Bâtard*, s'était retournée vers la Normandie. On vit, par le pays occupé, les mêmes exactions et autant d'atrocités qu'en Angleterre, au temps de la vice-royauté du frère utérin du *Conquérant*, Odon Ier de Conteville, comte de Kent, évêque de Bayeux.

Le renouvellement continu des épreuves provoqua d'éclatantes manifestations — répétées aussi — de la suprême vertu nationale qu'est le patriotisme.

Tout d'abord, contrainte à de prudentes retenues, l'expression du sentiment public s'était réfugiée sous une gouaillerie, significative de l'état d'âme des populations asservies. Cela remontait aux expéditions d'Henri-*Beauclerc*, lorsqu'il était venu ravir à son frère, Robert-*Courte-Heuse*, la couronne ducale. Alors la Normandie, — chaloupe capturée, — avait été amarrée au vaisseau britannique : remorque difficile le plus souvent.

En dépit des années, Isabelle de Douvres conservait son empire sur le vieux cœur de Robert de Kent, comte de Glocester, bâtard d'Henri Ier et gouverneur du Bessin, pour le roi d'Angleterre, duc de Normandie. Au palais des ducs, elle faisait la pluie et le beau temps ; plus souvent la pluie, quand ce n'était pas la grêle. Acariâtre et prétentieuse..... sa faim d'hommages allait grandissant. Malheur à l'imprudent, qui, en les lui rendant, marquait quelque moqueuse ironie : disgrâce, châtiments, cachot même, avaient bientôt vengé l'irascible Isabelle. A ses atours, à ses falbalas, on aurait dit une jeunesse : illusion, tôt contredite par la figure ridée de la dame. Mauvaise pour tous — seigneurs, bourgeois, manants — la réprobation était unanime autour d'elle.

— 14 —

A la fin, tout de même, bien lui fallut satisfaire à la loi commune : trépasser ! Donc, elle trépassa ; mais, avant le terme fatal, n'avait-elle pas demandé qu'on ornât son cercueil de draperies et de fleurs blanches ? Depuis belle lurette, printemps renouvelés, accumulés, et longue vie d'agitation l'avaient dégradée, pourtant, du suprême privilège des jouvencelles. Elle demanda aussi à être enterrée dans la Cathédrale de Bayeux, où viendrait la rejoindre, un jour le cher comte. Elle voulait, — couchée dans la pierre d'un pieux sarcophage — reposer, les pieds appuyés sur une levrette, symbole de fidélité. Illusoire prétention !

Elle avait compté sans le Chapitre qui, n'osant opposer un veto négatif absolu au désir de la vieille amie de Robert de Glocester, ne voulant pas, non plus, l'admettre en l'Insigne Basilique, décida qu'elle serait emmuraillée dans la paroi méridionale du clocher sud.

Il fut ainsi fait et l'irréventieuse épitaphe, qu'on lit toujours, en latin (45), sur cette tour, fut la vengeance des vilains, dérangés en plus agréables occupations, pour les obsèques de cette vieille coquette d'Isabelle.

Papire Masson (47) a relevé cette imprécation, que le poète de Sénécé (47) — ménageant, toutefois, le nom du pauvre Robert — a parodiée en en ces termes :

La vieille femme à Maître Jacques
Trépassa le beau jour de Pâques.
Pour la fourrer ici dedans,
En ce temps de réjouissance,
Il nous fallut, malgré nos dents,
Tronquer un repas d'importance.
Oncques ne le pumes achever ;
Dont deuil plus cuisant nous opile,
Que si nous arions vu crever
Toutes les vieilles de la ville.

Hostilité pour tout ce qui rappelait l'Angleterre : craignant de s'en prendre directement au Gouverneur, bâtard du roi, on était heureux de dauber sur le compte de la maîtresse du comte de Kent, Robert de Glocester : ..... Douvres, Kent, Glocester, tous vocables anglais, ... ou à peu près.

———

Quand, à l'une des portes du Bessin, on voyait le courage des Caennais ; de Vire partaient de patriotiques appels, vite répercutés par tout le pays normand.

La muse d'Olivier Basselin tient un verre de *bère* doré (48) ; elle est en belle humeur. Mais, s'il sourit, joyeux, au vin des pommiers ; encore le brave foulon virois a plus grand amour de la terre de Normandie. Quelle horreur pour l'Anglais, qui dévaste sa chère province ! Dans le cœur des siens, il ne jette pas seulement sa haine et son courage ; sans trêve, son patriotisme poursuit l'ennemi et, de sa versification quelque peu fruste, triviale à l'occasion, la pensée jaillit fine et acérée. Il chante jusqu'à ce que l'envahisseur soit bouté hors de chez nous. Alors Olivier peut mourir : il meurt ! (49)

« En maistre Alain, Normandie prend gloire », dit Clément Marot ; aussi la muse énergique du bayeusain montre le chemin de la délivrance. Bien modeste, cependant, la vieille maison qu'on montre, à Bayeux, où naquirent les trois Chartier (50). Pour Alain, le plus célèbre, les malheurs de la Patrie furent la source de pathétiques inspirations. Ses chants précurseurs stigmatisent la couardise des chevaliers, qui, à Azincourt (51), « se sont fuis comme peautraille » (troupeaux).

Comme il houspille ceux qui sommeillent dans la servitude ! De quelle ironie il cingle les faux braves, pourfendeurs, devant la bonne chère ; grands en paroles, au coin du feu ! Il faut l'entendre sonner la charge contre l'étranger et souffler dans les âmes l'honneur militaire :

> Tels gens deussent estre porchez
>   Ou faisant viles
> Euvres, par citez et par villes,
> Quant aux armes sont inutiles.
> Ils ne sont bons qu'a seoir au banc
>   Soubz cheminée.
> Quant leurs bouches sont avinées,
> Mult contents de leurs destinées,
> Alors se ventent de grans coups...
>   Loin du péril,
> Qu'il est commode et qu'il est doux

de pouvoir se dire français ! Courage non dangereux !.... La race de ces matamores vit toujours.

Rien de chaleureux comme la clameur sur *La pitoyable calamité de France ;* d'incisif autant que l'indignation du poète, après le sac de Fougères par les Anglais !

Cette *Ballade de Fougères*, chant du cygne du Père de la Poésie Française — qui stimula Charles VII — préluda bien à la bataille de Formigny.

« Plût au Ciel, s'écriait-il, que je mourusse, non avec l'Etat, mais pour lui ; que tous les maux retombassent sur moi et sur les miens ; mais que Dieu sauve la France ! » (52).

Et cet autre, — enfant de Valognes (53), — Robert Blondel (54) ! Quel souffle généreux et quel patriotisme ! Si, quelquefois, comme chez Alain Chartier, l'érudition est un peu verbeuse, quelles mâles et nobles pensées elle enveloppe presque toujours !

Lorsque les Anglais, rompant les trèves, surprennent Fougères, sa virile ardeur trouve des accents passionnés. Après le *Complanctus bonorum Gallorum*, où, pour la première fois, apparaît, dans la langue, le terme *bon français*, c'est l'*Oratio historialis*, dans laquelle *Maître Robert* somme Charles VII de délivrer le royaume et la Normandie des étreintes de la domination étrangère »,..... « ils sont solidaires : ils doivent tomber ou triompher ensemble » (55).

« ..... Croyez bien, ô Charles, que le plus vigilant, le plus énergique emploi des armes peut seul relever ce royaume: comme aussi votre propre inertie et la mollesse efféminée des princes pourraient seules le conduire à sa perte. Prenez donc résolument l'initiative de la guerre, si vous voulez recouvrer la partie de votre Etat, qui est entre les mains de vos ennemis et conserver l'autre..... Ayez enfin pitié de l'infortune des Normands, infortune qui n'a pas d'égale.... »

« Plût à Dieu, dit-il, comme Alain Chartier, qu'il nous fut donné de périr avec vous de la mort la plus sainte, en rachetant notre Patrie, le fer à la main !... Donc, ô prince, nous, vos fidèles, qui, pour la défense de Votre Majesté, nous sommes vus chassés de nos propres maisons et frappés d'une longue calamité, nous vous adjurons, nous vous demandons, nous requérons instamment de vous, que vous nous donniez l'assistance qui nous est due ; de telle sorte que, par la vaillance de vos armes, vous nous restauriez, nous, exilés ; que vous releviez Votre Majesté, proscrite dans notre pays, qui est aussi le vôtre. Vous y êtes tenu, envers Votre propre Majesté, envers votre serment ; envers nous, vos fidèles ; vous y êtes astreint par le droit divin et humain » (56).

Oui ! ce Normand était un *bon Français !*

Plus heureux qu'Alain Chartier, qui mourut en 1449, Robert Blondel vit la délivrance et put la célébrer.

« Assurément, le miracle de Jeanne d'Arc fut le coup de foudre qui détermina l'explosion du patriotisme français ; mais la voix de nos Tyrtées normands ne fût pas étrangère à ce réveil du pays » (57).

A la flamme de leurs voix, les colères nationales et l'amour du pays des ancêtres s'enfiévrèrent généreusement et le roi devint un homme.

Le sentiment national ne se développait pas moins intense, chez les femmes que chez les hommes ; pas moins noble, en Normandie que dans le reste de la France.

L'odieuse Isabeau de Bavière ne s'était pas contentée d'ouvrir aux Anglais les portes du beau royaume ; avec l'envahisseur, elle avait signé le traité lamentable de Troyes (1420), qui dépouillait le Dauphin (58) et, en même temps que la France, livrait la main de sa fille Catherine, au roi d'Angleterre, Henri V.

Pitoyable France ! Pitoyable Princesse ! Pauvre Dauphin !

Et voilà l'écho des tristesses nationales d'alors, qu'aujourd'hui nos belles cauchoises réveillent encore, aux environs de Saint-Valéry-en-Caux :

> La reine a une fille à marier ;
> A un Anglois veut la donner ;
> Elle ne veut mais : Eh ! Jamais, franc traître Anglois,
> Jamais mari n'épouserai, s'il n'est françois.
>
> La belle ne voulant céder,
> Sa sœur s'en vint la conjurer ;
> — Eh ! acceptez, ma sœur, acceptez cette fois ;
> C'est pour paix à la France donner avec l'Anglois.
>
> Et quand ce vint pour s'embarquer,
> Les yeux on lui voulut bancer ;
> — Eh ! Ote-toi, retire-toi, franc traître anglois ;
> Car je veux voir, jusqu'à la fin le sol françois.
>
> Et quand ce vint pour arriver,
> Le châtel était pavoisé :
> — Eh ! Ote-toi, retire-toi, franc traître Anglois,
> Ce n'est pas là le drapeau blanc du roy françois.
>
> Et quand ce vint pour le souper,
> Pas ne voulut boir ne manger :
> — Eloigne-toi, retire-toi, franc traître Anglois,
> Ce n'est pas là le pain, le vin, du roy françois.
>
> Et quand ce vint pour la coucher,
> L'Anglois voulut la déchausser :
> — Eloigne-toi, retire-toi, franc traître Anglois,
> Jamais homme n'y touchera, s'il n'est François.

> Et quand ce vint sur la minuit,
> Elle fit entendre grand bruit,
> En s'écriant avec douleur : — Oh ! roy des roys,
> Ne me laissez entre les bras de cet Anglois.
>
> Quatre heures, sonnant à la tour,
> La belle finissait ses jours ;
> La belle finissait ses jours, d'un cœur joyeux,
> Et les Anglois y pleuraient tous d'un cœur piteux.

Plus que la résistance de la malheureuse Catherine, poétisée et complaisamment arrangée par la romance (59), n'est-elle pas admirable la conduite de cette vaillante, qui préféra tous les périls et toutes les misères, aux invites dorées des tyrans ? Quelques mots suffisent pour saluer, comme il convient, la noble mémoire de cette patriote :

« N'oublions pas, dit Puiseux (60), cette héroïque veuve, *Pérette de la Rivière*, qui aima mieux renoncer à son château de la Roche-Guyon et s'en aller, pauvre et dépouillée, tenant ses petits enfants par la main, plutôt que de faire hommage au roi d'Angleterre (61), et se donner en mariage au Gouverneur de Rouen, Guy le Bouteiller, accusé d'avoir vendu traîtreusement sa ville aux Anglais et qui venait de suggérer au comte de Warwick, lieutenant de Henri V, le moyen de réduire la résistance opiniâtre de la Roche-Guyon (62).

Les années 1433 et 1434 virent de tumultueux soulèvements contre les Anglais, ces odieux *court-vêtus*, ces *godons* ou *goddams* détestés, que le peuple baptisait avec les surnoms, empruntés au vocabulaire d'Olivier Basselin. Une vaste conspiration se noua dans le Bessin et le Pays de Caen, depuis Bayeux jusqu'à Honfleur. *Quatrepié* (ou Cantepie) le « principal entrepreneur », comme dit Jean Chartier, était « un de ces paysans, dont la nature énergique et rusée flaire et devine ce que la science apprend aux autres ». Il avait ruminé la révolte, en conduisant ses bœufs au labour. « Des chevaliers et des écuyers normands, Théodore du Bois, sire de Merville, un certain Pierre-*le-Flamand* et d'autres, ne dédaignèrent pas de se mettre sous les ordres de l'héroïque villageois » (63).

A la clameur furieuse : *Aux Anglais ! Aux Anglais !* soixante mille paysans — petites gens et grands cœurs — s'assemblèrent et « reboutèrent » les soldats des forteresses et des petites villes : « Ils en prirent et occirent aucuns, dont les capitaines d'iceux furent bien mal contents » (64). Ils s'étaient divisés en trois bandes, pour attaquer Caen par plusieurs côtés à la fois. La ville, cernée en deçà et au-delà, les premières attaques furent de bon présage ; même la forteresse de l'Abbaye de Saint-Etienne tomba entre leurs mains ; mais cela ne dura pas. Le Comte d'Arundel, lieutenant du Régent d'Angleterre, pour la ville de Caen, aidé par le défaut d'entente de ces braves paysans, — plus courageux qu'expérimentés, — eut vite raison de leurs tentatives. Il attira les assiégeants dans une embuscade, au faubourg de Vaucelles, et en fit un grand massacre. Aussi, que pouvaient les bâtons des assaillants contre les fortes murailles et sur l'armure des soldats ? On était à la Noël et les gas de *Quatrepié* ne trouvaient à se ravitailler : du froid, de la neige, oui ! mais pas de vivres ! Alors « ils se départirent et séparèrent ». D'aucuns s'en furent mettre le siège devant Avranches — effort pas plus heureux ; — encore ils poussèrent quelques pointes infructueuses vers Fougères et dans le Maine : presque tous *les Quatrepié*, comme on disait, moururent « par guerre, après par famine, tiercement par mortalité » (65). De patriotiques enseignements ressortent, quand même, de ces entreprises avortées ; à savoir « que la Basse-Normandie n'avait jamais accepté sincèrement la domination anglaise et que cette population était de cœur et essentiellement française » (66).

Par bandes plus ou moins considérables, sinon en grandes troupes, les *brigands* continuèrent leurs exploits contre les envahisseurs. Ils surgissaient partout et toujours redoutables. Pour les Anglais, que la révolte des habitants contrariait dans la jouissance de leurs déprédations, il ne faisait guère bon s'aventurer dans le pays, sans forces très supérieures.

Après le sac de l'Abbaye de Corneville, les envahisseurs ayant enlevé la cloche principale, la chargèrent, avec d'autre butin, sur une barque. Le poids, trop considérable, fit sombrer l'embarcation : la cloche coula avec. Les Anglais essayaient de la retirer de l'eau, quand la venue d'un parti français les força à s'esquiver, sans leur prise. Vivace souvenir au cœur des Normands : longtemps ensuite, dit une légende connue, quand, pour les fêtes, retentissaient les cloches du voisinage, celle, demeurée au fond de la rivière, se mettait à l'unisson par de gaies sonneries.

Beaucoup des insurgés étant masqués, on les appelait les *faux visaiges*. Amelgard dit que « dans l'espace d'une seule année, il y eut jusqu'à dix mille *brigands* pris et punis du dernier supplice ». Mais, pour un patriote exécuté, il s'en levait deux nouveaux. La haine des Anglais montait toujours ! Longtemps patient, le taureau, aiguillonné par les mauvais traitements de la domination, s'affola et, fonçant de l'avant, — sans grande tactique, mais avec rage, — porta de furieux coups de corne au Léopard anglais. La révolte était obstinée. « On peut voir par là, dit Polydore Virgile, qu'il serait plus facile de blanchir un nègre, que de faire qu'un *Normand* aimât les Anglais ». (67).

Le *Couvre-feu* servit aux Anglais, en Normandie ; comme il avait servi à Guillaume-*le-Conquérant*, en Angleterre. La cloche du soir ne rappelait pas seulement à la stricte observance des règles de police et à l'obligation de couvrir les feux, d'éteindre les lumières, à partir de certaine heure : elle donnait l'ordre de regagner leurs demeures aux Normands, en velléité de se rébellionner et de tenir, la nuit, des conciliabules hostiles. Contrevenir à ces prescriptions exposait aux pires rigueurs.

« Des capitaines Anglais, dit Basin, discutaient, à table, sur les moyens de détruire la peste du *brigandage*. Un prêtre (peut-être l'évêque Basin lui-même), pressé de dire son avis, répondit qu'il n'y avait qu'un moyen : c'était que tous les Anglais sortissent de France ; en même temps, ajoutait-il, disparaîtraient les *brigands*. Affirmation vérifiée par la suite ; car, dès que les Anglais, chassés de Normandie, regagnèrent leur pays, la Province fut immédiatement délivrée du fléau des *brigands*. De ceux-ci, les uns s'enrôlèrent dans l'armée régulière ; les autres retournèrent à leur charrue ou à leur métier, pour faire vivre honnêtement leurs femmes et leurs enfants » (68).

Ce *brigandage*, issu du patriotisme, finit comme par enchantement, aussitôt que la Normandie eut fait retour à la France. La cause finie, l'effet disparut ; alors que, durant trente-trois ans d'occupation anglo-saxonne, malgré les incessantes poursuites et de terribles exécutions exemplaires, on n'avait pu l'extirper, même l'amoindrir.

Encore, les chefs Anglais se moquaient de la malheureuse France et de son roi imbécile, auquel succédait un monarque efféminé (69). A celui-ci, bientôt ils iraient, à Bourges (70), ravir la quenouille, qui lui servait de sceptre. Ils ne se faisaient pas faute de dérisions, d'invectives et de mépris, à l'adresse des Lys d'Or.

Et, ils s'attiraient la riposte irritée de ces Normands — vaincus, non domestiqués — qui chérissaient *leur* France, d'autant plus qu'ils la voyaient davantage meurtrir d'insultes : la France, d'âme grande et généreuse, à laquelle les ennemis rendaient hommage, jusque dans leurs diatribes jalouses. L'Anglais avait pu la vaincre et l'asservir, il n'avait pu cesser de l'envier.

Si d'aucuns s'engourdissaient dans l'oubli ; si d'autres avaient cédé aux faveurs des conquérants, la masse s'obstinait aux tenaces espoirs et dans la fidélité du souvenir. Avec les Anglais, la Normandie était comme absente de chez elle et les cœurs avaient soif de la Patrie délivrée.

Combien était touchante cette évocation entêtée des temps français disparus ! On les appelait du fond de l'âme !... Ils reviendraient un jour !

« ..... Est-ce que la catastrophe sans espoir (car on était alors sans espoir) serait acceptée sans violence ; est-ce que la douleur et la souffrance universelles se manifesteraient seulement par des larmes, est-ce qu'on accepterait ? Est-ce qu'on se résignerait ?..... »

NON !

« ..... Est-ce qu'on espérerait contre l'espérance ; est-ce qu'on s'obstinerait contre la fortune ; est-ce qu'on lutterait ; est-ce qu'on se relèverait ?..... » (71).

OUI !

Et puis, « pour qu'une guerre cesse, il ne suffit pas que les assaillants occupent le pays des assaillis ; il faut encore que les assaillis consentent à se soumettre.» (72). Ce n'était pas le cas des Normands.

« Si nous regardons bien au fond des événements de ce monde, nous voyons qu'en fin de compte, et malgré des apparences contraires, la victoire reste à la force morale sur la force matérielle. Pour les conquérants, qui se présentent, non point au nom d'un principe supérieur de civilisation, mais animés d'une convoitise vulgaire et brutale, il y a quelque chose de plus difficile à vaincre que la résistance armée, c'est l'antipathie des vaincus, l'abstention sourde et silencieuse, le vide fait par l'émigration ».

L'exode des Normands prit de telles proportions, qu'Henri V finit par craindre de régner sur un désert.

« Aux peuples..... la Providence a donné une arme qui défie les puissances les plus redoutées ; qui survit à toutes les contraintes : cette arme, c'est la conscience de leur nationalité » ; force, silencieuse d'abord, qui éclate en fracas terribles, si on la comprime à l'excès.

Le *droit des nationalités*, las d'une vaine aspiration vers la justice, tend, de plus en plus « à prendre place parmi les lois de l'Histoire et les maximes de la politique » (73).

L'application puisse-t-elle en être rigoureuse et le XXe siècle placer ses règles au-dessus de toute attaque !

III

*Réjouis-toy, franc royaume de France ;
A présent Dieu pour toy se combat* (74).

FORMIGNY. — LA NORMANDIE RECONQUISE

1429 !

Date culminante dans l'histoire de France : Jeanne d'Arc entre à Orléans.

C'est le commencement de la fin !

Le *petit Roy de Bourges* est sacré roi de France, à Reims.

En août 1449, Charles VII « ayant quitté la chasse et les jardins, comme dit Brantôme, et pris le frein aux dents » ordonna à l'un de ses plus illustres généraux, — à Dunois, — d'entrer en Normandie et d'en expulser le duc de Sommerset et le vieux Talbot, qui y commandaient pour le roi d'Angleterre. Charles allait vers la conquête de son titre final : *Le Victorieux*, plus honorable que le surnom dérisoire de : *Petit Roy de Bourges*.

1450 !

Formigny ! fin de la fin : les Anglais perdent pied sur le territoire, ils sont « boutés » dehors. Délivrance !

Débarqués en force à Cherbourg — ce coin normand toujours visé par eux — les Anglais, ensuite, se dirigeaient vivement vers Caen. Pour recruter l'armée, mise sous les ordres de Thomas Kiriel, Henri VI, à bout de ressources, avait dû engager les joyaux de la Couronne. Il jouait une dernière carte, très aventurée. Valognes enlevé, la contrée avait été mise à sac et la continuation du plan de Thomas Kiriel était de forcer les passages de la Vire, par les Veys, de ravager le Bessin et d'arriver à

Caen, sans trop s'éloigner du littoral. Mais, il avait compté sans Clermont et sans Richemont, par qui tout son grand projet fut renversé. Il n'avait pris garde non plus à la réorganisation de l'armée française et à l'éveil de la valeur dans l'âme de Charles VII. L'armée royale s'était fortifiée de l'affaiblissement des levées féodales. A Charles VII est due la coordination des choses de la Guerre avec l'usage des armes à feu. Par édit du 2 novembre 1439, il avait créé une armée stable, alors que, jusque-là, il n'y avait d'à peu près permanent que les Gardes du prince et quelques Gardes nationales. A son règne se rattachent les cranequiniers — arbalétriers à cheval — les coulevriniers — pour la manœuvre des nouveaux engins d'artillerie — les cornettes, les francs-archers.....

Les hordes tumultuaires du Moyen-Age avaient fait place à la discipline embryonnaire des Enseignes et des Compagnies d'ordonnance.

Fait prisonnier par les Français, le lieutenant du roi d'Angleterre ne put même reprendre le chemin de son pays avec les fuyards.

« Les Français et les Anglais, dit l'évêque Robert Ceneau (Rob. Cenalis, 1555), se livrèrent un combat terrible près du petit pont, jeté sur le ruisseau ». Tant terrible, que le cours fut teint en rouge et qu'encore, aujourd'hui, on l'appelle le *Ruisseau du sang*.

Les armées se mesurèrent, le 15 avril 1450.

La veille, le Comte de Clermont, posté à Carentan, avait envoyé une reconnaissance de gens d'armes, sous les ordres de Pierre de Louvain, vers les gués de Saint-Clément, par où, lui avait-on dit, les Anglais se disposaient à traverser la Vire. L'ennemi, en effet, s'avançait dans l'eau. Sans s'arrêter à la disproportion de leurs forces, les Français, de leur côté, descendirent dans les Veys et se portèrent à la rencontre des Anglais. Ils bataillèrent bravement ; mais les gens de Thomas Kiriel, mieux amphibies et plus nombreux, eurent un facile avantage. Ceux du Comte de Clermont, ayant regagné la berge en terre ferme, durent se retirer ruisselants d'eau. Les morts ne furent pas inhumés : le reflux les emporta vers la haute mer, tombeau accoutumé, plutôt des marins que des soldats. Ni avant, ni depuis, on ne vit souvent pareil combat *aquatique*.

La vengeance des Français attendit qu'ils ne fussent plus mouillés. En montant après eux sur le rivage, Mathew Gough, un des guerriers de Thomas Kiriel, ayant glissé, baisa la terre en s'écriant : « Chiens enragés, nous voilà passés, malgré vous ! » Apostrophe, rappelant Guillaume-*le-Bâtard* qui, tombé à sa descente de bateau, à Pevensey, dit gaiment à ceux qui voyaient mauvais présage dans cette chute : « C'est pour prendre possesssion du pays, que je l'embrasse de la sorte ! ». Et la conquête de l'Angleterre suivit, marchant vite de succès en succès. Pareil épilogue ne justifia pas le mot de Mathew Gough : alors que Guillaume-*le-Conquérant* avait vaincu, à Hastings ; les Anglais furent irréparablement défaits, à Formigny.

Le lendemain, les accents suivants déterminèrent un grand enthousiasme dans les rangs de France :

> En avant, gens de village,
> Défenseurs du Roi français ;
> Armez-vous tous de courage
> Pour courir sus aux Anglais.
>
> C'est trop peu qu'on les bafoue ;
> Autant qu'on en trouvera,
> Au gibet qu'on les encroue,
> S'y trouve bien qui pourra (75).

Grand fut le carnage ; vers 1800, on put encore s'en rendre compte. En ouvrant une ancienne carrière, une multitude d'ossements, de chevelures bien conservées et des dents, dont l'émail n'était nullement endommagé, furent découverts.

Oui, la besogne avait été rude !

> Ils bataillèrent vaillamment,
> Main à main, tant qu'il est possible,
> François et Anglois tellement,
> Que l'assaut fut dur et terrible
> . . . .
> Cette journée fut fort louable
> Pour le pays et le Roy de France (76).

« Les angloys feirent grands trous et fossés en terre ; qu'ils revestirent avec dagues et espées devant eulx ; afin que ceulx qui assaudraient peussent tomber, eulx et leurs chevaulx, sur lesdites dagues et espées (77).

A Carentan, le comte de Clermont, apprenant que les Anglais s'établissaient en force, autour de Formigny, partit, dans la nuit du 14 au 15 avril. A l'aube, il était en vue des retranchements de Thomas Kiriel. Il disposa ses troupes sur la rive droite du Ruisseau du Val — bientôt appelé Ruisseau du Sang — qui séparait Anglais et Français.

Clermont avait 3.000 hommes ; Richemont devait le renforcer avec 1.500 combattants ; mais, impatient d'en découdre, le jeune comte ne sut attendre l'arrivée de son oncle, le Connétable.

Impatience généreuse qui, tout de même, eût pu devenir funeste. Il porta son effort sur le pont, qu'il déblaya à coups de coulevrine. Alors, il envoya le sire de Mauny charger les Anglais, avec 60 lances. Mal lui en prit ; Mathago, avec 600 archers, arrêta l'irruption des Français, les fit reculer, repasser le pont et leur prit les deux coulevrines, qui avaient mis un premier désordre chez les siens. La position de Clermont était critique.

Pierre de Brezé fit heureusement entrer en action le corps des hommes d'armes. L'élan des Anglais fut bien contrarié ; ils auraient pu, cependant, continuer leur avantage, s'ils avaient mis en jeu toutes les forces dont ils disposaient déjà. Ils préférèrent attendre des renforts, annoncés par Sommerset. Ce fut leur perte !

Richemond déboucha sur ces entrefaites. L'apercevant, dans le lointain, Mathago crut à l'intervention désirée de Sommerset. Des cris d'allégresse s'élevèrent chez les Anglais. Courte méprise ! C'était l'ennemi !

Les Français réunis comptèrent alors 4.500 hommes contre les 6.000 Anglais. Le Connétable prit le commandement.

Ayant recueilli les fuyards de Mathago, Thomas Kiriel commença un changement de front ; il voulait venger, sur de nouvelles positions, l'échec de son lieutenant. Richemond ne lui en laissa pas le temps. Déconcertant son adversaire, au cours de ses manœuvres préparatoires, il le culbuta.

Tout de même, les Anglais se défendirent bien : ils ne rompirent le combat qu'après trois heures de vaines tentatives, pour arrêter et repousser Richemond.

Gloire au Connétable !

Quatre jours après, l'amiral de Coëtivy, annonçant à Pierre de Carné la victoire de Formigny, écrivait :

« ..... Les dicts Angloys, qui estoient de cinq à six mille combattants, tous ont esté, ou guère ne faut, morts ou prins. Mais, à vous dire la verité, je croi que Dieu nous y amena Monsieur le Connestable ; car, s'il ne fust venu, à l'heure et par la manière qu'il y vint, entre nous, je doute que..... n'en fussions jamais sortis sans dommage irreparable ; car ils estoient de la moitié plus que nous » (78).

C'est ce qu'en vieux parler, détaille un des combattants, Pierre Gruel, rédacteur des *Mémoires du Connétable de France*, et narrateur de cette grande journée.

« Le duc de Richemont, étant à Coutances, reçut des lettres des seigneurs de Clermont, de Castres, de l'admiral de Coitivy et du grand Seneschal, qui lui écrivirent que les Anglois avoient pris Valognes et qu'encore étoient-ils aud. lieu et qu'il leur semblait qu'il devoit tirer à Saint-Lo ; dont Monseigneur fut bien mal content ; mais, toutefois, il le fit pour ce qu'ils lui avoient ainsi mandé et tira à Saint-Lo ; de plus, cette nuit, ils lui envoyèrent un poursuivant (hérault), qui arriva à Saint-Lo, au point du jour ; lequel lui vint dire que les Anglois étoient passés le Vez (79) et qu'ils tiroient à Bayeux et qu'il se rendit à Trévières et que, là, ils se rendroient à lui et qu'ils chargeroient toujours les Anglois en l'attendant. Donc, au point du jour, mon dit Seigneur fut le premier qui ouyt appeler le guet et fit lever des gens, pour ouvrir la porte et, incontinent, il fit sonner ses trompettes à cheval et s'arma bien diligemment, puis ouyt la messe.

« Le 15ᵉ jour d'avril, l'an 1450, après que le Connétable eut ouyt la messe, à Saint-Lo ; il alla à la porte de l'église et monta à cheval ; puis il chevaucha environ une lieue et s'arrêta pour mettre ses gens en bataille ; après il fit ses ordonnances et mit le bâtard de la Trémouille, avec bien quinze ou vingt lances (80), devant ; ensuite, il envoya son avant garde, en laquelle étoient Jacques de Saint-Paul, le maréchal de Lohéac, le seigneur de Bossac et leurs archers ; puis il ordonna, pour gouverner les archers, Gilles de Saint-Simon, Jean de Malestroit et Philippes de Malestroit. Après, il ordonna, pour la garde de son corps, de certains gentilshommes dont les noms suivent : premièrement, Regnaud de Voluire, Pierre du Pan, Yvon de Trienna, Jean Budes, Hector Merladec, Jean Dubois, Collinet de Lignères et *Guillaume Gruel* (81). Puis, il ordonna des gens pour l'arrière garde et chevaucha en bonne ordonnance et le plus diligemment que faire se pouvoit, tant que les premiers de ses gens arrivèrent à Trivières, où bientôt après il arriva. A l'heure qu'il s'y rendit, les Anglois saillirent de leur bataille, environ quatre cents, qui mirent en fuite bien treize cents archers, qui étoient du côté de M. de Clermont et gangnèrent des couvrines, dont on leur faisait la guerre ; et, où, si ce n'eut été les gens d'armes qui tinrent bon, je crois qu'ils eussent fait un grand dommage à nos gens.

« Or, comme le Connétable arriva à un moulin à vent qui y est, tout était meslé ; sur quoi, le plus tôt qu'il peut, il fit partir une partie de son avant-garde, avec ceux qui gouvernoient les archers ; et les archers allèrent passer au bout de la bataille des Anglois et de ceux qui avoient fait la dite saillie sur nos gens : nos dits archers en tuèrent bien six vingt. Puis après, mon dit Seigneur vint passer, après ses archers, au plus près de la bataille des Anglois ; ensuite s'approchèrent la bataille et les archers de nos gens, et vinrent vers le Connétable, les seigneurs de Clermont, de Castres, l'admiral de Coitivy, le grand Sénéchal, Jacques de Chabannes, Joachim Rouault, Geoffroy de Couvran, Olivier de Bron, Odet d'Aidie, Jean de Roussevinen et toute leur bataille ; et se joignirent nos batailles ensemble. Puis le Connétable dit à l'amiral : « Allons, vous et moi, voir leur contenance », et mena mon dit Seigneur, cet Admiral, entre les deux batailles et lui demanda : « Que vous semble, M. l'Admiral, comment nous les devons prendre, ou par les bouts, ou par le milieu ? » Et, alors, l'admiral répondit à mon dit Seigneur, qu'il faisoit grand doute qu'ils demeureroient en leur fortification (retranchement) et le Connétable lui dit : « Je voue à Dieu, ils n'y demeureront pas, avec la grâce de Dieu ». Et à cette heure, le grand Sénéchal lui vint demander congé de faire descendre son enseigne (troupe) à un taudis (redoute) que les anglois avoient fait. Sur quoi Monseigneur pensa un peu, puis il dit qu'il en étoit content, et, bientôt après, ces gens furent au taudis. Puis, incontinent, sans plus rien dire, tout le monde s'assembla pour donner dedans, et ainsi fut fait.

— 28 —

Les éléments se mirent du côté de la France. Les vents d'Ouest s'étant levés, soufflèrent furieux, contre l'armée adverse, comme pour l'empêcher d'avancer : les traits ennemis tombaient en chemin ; alors que la bourrasque renforçait la portée des flèches des Français.

<small>Et n'arrestèrent point les Anglois ; ains furent défaits, tués ou pris en fuite, au nombre d'environ bien six mille : et y fut pris Thomas Kiriel, qui était lieutenant du roi d'Angleterre, Henry de Norbery et Jannequin Baquier, qui demeura prisonnier d'Eustache de l'Espinay et Mathago s'enfuit.</small>

Tradition gardée par les mémoires des anciens du pays :

Les Anglais étaient déjà *les habits rouges*. Pour mettre à profit la rage déchaînée par cette couleur, chez les taureaux et les bœufs, d'humeur paisible à l'ordinaire, les chefs des Français firent réunir les bestiaux d'alentour, qui, les cornes armées de faulx tranchantes, s'affolèrent aux cris des soldats et des paysans ; le troupeau, encorné de fer se rua dans la direction des envahisseurs. L'avalanche de mort fut horrible, affreux le carnage des hommes de Thomas Kiriel. La panique les culbuta aussi, alors que les pertes des gens de France montèrent à dix ou douze tués, à peine (82).

<small>« Ainsi furent les Anglois taillés en pièces et couchèrent, Monseigneur et les autres Seigneurs et Capitaines, sur le champ, les uns à Formigny et les autres à Trivières. »</small>

Et fuga verterunt Angli

Et les Anglais prirent la fuite.

<small>(Tapisserie de la Reine Mathilde. Scène LVIII.)</small>

Triomphante riposte au désastre d'Azincourt !

Triomphante terminaison de la *Guerre de Cent Ans !*

Puissent, toujours, les ennemis de la France être déconfits de la sorte (83) !

Le moine, Jean Chartier, auteur contemporain, ajoute, qu'à *cette besogne*, qui dura plus de trois heures, beaucoup de chevaliers, furent armés, entre autres le Comte de Clermont, qui n'avait pas attendu l'arrivée du Connétable pour se battre bravement et à qui revient grande part de la victoire. « Sur le champ de bataille, environ le soleil couchant, le jeune vainqueur, qui avait noblement gagné ses éperons, fut reçu chevalier par le Connétable de Richemond, son rival de gloire » (84).

Pour les éterniser, dit G. Villers, le Comte de Clermont, en 1486, fit construire, sur le lieu même de ses exploits, au bord du ruisseau, dont les eaux avaient été rougies par le sang des combattants, une chapelle en l'honneur de *Monsieur Saint Loys*, chef et protecteur de la Couronne de France, ainsi que le dit l'acte de fondation.

En 1834, de Caumont érigea, passé le ruisseau, à droite, au haut de la montée de la route, allant de Paris à Cherbourg, une borne commémorative avec cette inscription :

*Ici fut livrée
la Bataille de Formigny
le 15 avril 1450
sous le règne
de Charles VII*

Les maisons de Formigny dévalent la côte jusqu'à la chapelle, près du pont, et remontent, de l'autre côté, vers la colonne d'Arcisse de Caumont. Elles dominent aussi, en amont, « *le Ruisseau du Sang* » qui vient de par Colleville, s'en va finir proche de Trévières.

Saint Martin, qui coupe son manteau en deux, à la porte de l'église, préside aux destinées de la paroisse et « *Monsieur Saint Loys* » conserve la mémoire des vaillants de 1450 et les débris rouillés de leurs armures (85).

C'est là qu'autrefois retentit le fracas des coups, dans le vallon et par les pentes, qui gagnent le plateau. Il y eut de belles estocades, des morts glorieuses et les champs furent le dernier lit de bien des Anglais.

Aujourd'hui, les tués y croisent encore le fer avec les vivants ; quand le soc de la charrue heurte quelque cotte de mailles enterrée ou les vieilles armes, qui percent de temps en temps le labour.

Tout de même plus de bataille, à présent ; les beaux herbages verdissent pour les vaches, pourvoyeuses de beurre renommé ; aux heures de « la traite » des laitières ; les cannes de cuivre (86) mettent des notes brillantes dans l'herbe épaisse ; la moisson pousse en paix ; et, quand reviennent les automnes, après la *fruitaison* des pommiers, le pressoir peine et les grands tonneaux s'emplissent de cidre doré.

Pour remplacer la borne commémorative, effritée par le temps, la *Société des Sciences, Arts et Belles-Lettres* de Bayeux et son Comité, présidé par M. Joret-Desclosières, ont fait appel au patriotisme reconnaissant, en vue d'une commémoration monumentale, digne des vainqueurs de 1450.

Le projet est dû à des artistes normands: le sculpteur Le Duc (de Torigny-sur-Vire) et Nicolas, architecte à Caen. Au-dessus du socle, agrémenté du bas-relief de la bataille, le motif s'élève, couronné par une France glorieuse : c'est le connétable de Richemont, remettant à son neveu, le comte de Clermont, qu'il a vu si bien « besogner » et qu'il vient d'armer chevalier, l'honneur de garder le champ de lutte et de victoire.

On voit, à l'Hôtel-de-Ville de Bayeux, une toile ancienne, dite *Tableau de la Bataille de Formigny*. Les différentes positions du paysage et les corps de troupe y sont repérés à l'aide de lettres ; mais, dans cette œuvre, dénuée de prétentions artistiques, fait défaut la légende explicative de ces côtes. Tout de même, on remarque les levées de terre, faites par les Anglais, pour se couvrir ; dans le lointain, paraît le village de Colleville, sous la lettre N.

En cette bataille, désastreuse pour les Anglais, les Français qui, eux, perdirent peu de monde, éprouvèrent, cependant, un deuil douloureux : si l'on en croit une chanson de l'ancien temps, Olivier Basselin, le chantre des Vaux de Vire, du cidre et de la terre normande, aurait été tué, ce jour-là, par ceux auxquels il avait voué haine mortelle. Mis en déconfiture, les gens du vieux Talbot entraînèrent le joyeux foulon dans leur désastre.

> Helas ! Olivier Basselin,
> N'orrons-nous poinct de vos nouvelles ?
> Vous ont les Engloys mis à fin
> Par une mort des plus cruelles (87).

Durant toute l'occupation anglaise, le Mont Saint-Michel avait résisté aux furieux assauts des Anglais, acharnés à la perte de cette forteresse.

Témoins — bruyants autrefois, silencieux aujourd'hui — deux tubes de fer rouillés, canons frustres d'alors — *les Michelettes* — demeurent, trophées des belles résistances. Dans une sortie, pris aux Anglais assiégeants, ils défendirent ensuite les assiégés. Les murailles percées de meurtrières, déchiquetées de créneaux, d'où sortaient canons et arquebuses, donnaient au monastère l'aspect d'un porc-épic, dont les pointes lançaient du feu, du fer et de la mort.

Après la victoire de Formigny, le connétable de Richemont, libérateur de la Normandie, vint en action de grâces au très fameux pèlerinage de Saint-Michel-Archange.

Plus tard, on aurait planté la croix des braves dans le blason de
« Ceste place qui ne fust jamais anglesche » (88).

Mathieu God ou Goth, plus connu sous le nom dénaturé de Mathago, avait amené huit cents cavaliers, depuis Bayeux, dont il était gouverneur. Tout d'abord, il fit bonne contenance et grand dommage aux Français,

> Angloys, vaillamment si portèrent ;
> Car, au premier commencement,
> Deux couleuvrines se gaignièrent,
> Sur les François bien vaillamment.
>
> *(Marcial de Paris.)*

Après la venue du connétable de Richemont, comme Mathago s'était retiré de l'action pour garantir sa troupe de la tuerie : « Bon départ, dit-il à ceux qui s'exclamaient sur son manque de courage, vaut plus que mauvaise ténacité. » Maint chef, depuis, s'est illustré aussi par les dispositions d'une sage retraite, autant que par des offensives impétueuses.

Et puis, pour prouver sa bravoure, ne s'était-il pas audacieusement emparé, avant, des terribles couleuvrines et faulcons des Français ?

Beaucoup de fuyards s'étaient réfugiés à Bayeux (89). « Le capitaine Mathieu Goth, qui s'y était enfermé, après la défaite de Formigny, soutint, pendant quinze jours, plusieurs assauts de flèches et d'artillerie. Le comte de Dunois, qui l'assiégeait, piqué de tant d'efforts inutiles, voulut forcer la ville ; il en fut détourné, selon Robert Gagnin, par Saint-Regnobert..... » (90)

Au-dessus de la tente du beau Dunois, son enseigne claquait dans le vent de la nuit. Journée fatigante : des reconnaissances avaient étudié les abords de la ville et, depuis le Mont Phaunus, qui domine, les chefs avaient choisi les points d'assaut, sur lesquels on s'élancerait, au point du jour. Mises en position, les bombardes étaient prêtes à tonner.

Après tant d'inspections, de découvertes et de conseils, de pas à droite et de montées à gauche, Dunois réparait ses forces dans le sommeil. Aussi, les soldats dormaient ; seulement, on entendait le va-et-vient des gardes et leurs appels, dans l'obscurité, pour maintenir la vigilance : « *Sentinelles, veillez !* »

Une clarté se fit, — cependant, la lune était voilée, — et Dunois ouvrit les yeux : toujours pas de bruit au-dehors,..... les draperies de la tente, fixées par leurs attaches, ne procuraient aucune ouverture.

Tout de même, quelqu'un entra et, dans un nimbe de lumière — halo glorieux — le guerrier réveillé vit « Monsieur Sainct-Regnobert ». L'évêque était revêtu de son beau « casuble » et des ornements — aujourd'hui reliques vénérées — qu'on garde pieusement à la Cathédrale. Mitre en tête : la main gauche tenant une crosse d'or, de l'autre il bénissait.

Et le saint parla :

« Par commandement de notre Seigneur Dieu, qui gouverne le monde : Pas d'assaut ! Plus de sang ! Plus de vies perdues !... Sans davantage batailler ; demain, avant le soleil couché, ceux de la ville t'auront apporté les clefs. »

Ces paroles dites, remontant vers le faîte de la tente, l'apparition disparut et la grande clarté s'évanouit. Au-dehors, les gardes attentifs marchaient toujours dans l'obscurité ; encore on entendait leurs avertissements espacés : « *Sentinelles, veillez !* »

Le lendemain, les assauts n'eurent pas lieu. Sur les coups des chanterelles de midi, à la grosse horloge de Notre-Dame (91), la chamade (92) retentit, depuis les remparts, et une oriflamme blanche ayant paru sur la porte Saint-Martin, les Anglais furent admis à parlementer.

La ville capitula, le 16 mai 1450, et les bannières de France et de Normandie, et aussi l'enseigne du vaillant Dunois, furent hissées sur le donjon. Joyeuses, mises en branle, dans un *tumultus* (93) général, les cloches de la Cathédrale, des églises et des couvents, saluèrent le retour — tant attendu, si fidèlement désiré — des Français, enfin vainqueurs. Aux carillons de la cité, les cloches d'alentour firent de triomphants échos, parmi lesquels la voix du clocher de Fontenailles ne fut pas la dernière. Déjà, elle s'était patriotiquement réjouie, en 1204, quand, une première fois, le duché normand fut repris, pour la France, par Philippe-Auguste. En 1450, fière, elle frémit, aussi heureuse de la défaite des Anglais et de la libération renouvelée du pays (94).

Le principal article de la reddition stipulait que la garnison ne sortirait qu'avec un bâton à la main ; mais, par égard pour les gens qualifiés, les femmes et les enfants, rapporte Béziers, le général français leur fit fournir des voitures, pour les conduire jusqu'à Cherbourg. « Il sortit quatre cents femmes de Bayeux et des gens d'armes, qui se nombraient neuf cents anglois ; ils furent conduits par Mathieu Goth, leur capitaine. »

Pour les envahisseurs expulsés, le « seul fruit de leurs conquêtes en Normandie, fut l'enlèvement d'une multitude de chartes, qu'ils mirent en dépôt à la Tour de Londres, pour servir de monument à leurs triomphes passés (95).

Successivement, les villes de la région tombèrent au pouvoir des

Français : Vire, Avranches, La Roche Tombelaine, Bricquebec, Valognes, Saint-Sauveur-le-Vicomte. « Il restait à prendre le château de Caen. Mais cette place très fortifiée possédait des sources abondantes et ses murailles, larges et solides, étaient fondées sur le rocher. » Le duc de Sommerset commandait dans la ville, où étaient les plus braves capitaines de sa nation, avec une garnison de 4,000 hommes. Attaqué par Charles VII en personne, il dut se rendre cependant, et Caen capitula le 1er juin 1450. La Normandie, sous le joug anglais, depuis 1417, se soumit tout entière ; Cherbourg fut repris et les ennemis se retirèrent (12 août 1450).

> Du pays de France, ils sont tous déboutez :
> Il n'est plus mot de ces Englcys couez (à queue) (96).

« Cette défaite abattit tellement la force des Anglais, en donnant le repos à la France, que, depuis, aucun d'eux n'osa reparaître sur son territoire... ils furent tellement épuisés par cette guerre, tellement ruinés de fond en comble, que toute leur jeunesse fut détruite et qu'il ne resta plus un homme pour guerroyer » (97).

> Plus d'Anglais parmi nous, plus de joug, plus d'entraves,
> Relevez fièrement vos fronts cicatrisés ;
> Oui, l'étranger s'éloigne ; oui, vos fers sont brisés.
> *Normands*, vous n'êtes plus esclaves ! (98)

NORMANNIA LIBERATA !

La France peut être vaincue, mais elle a le sang vif : les plaies pansées guérissent et la blessée se redresse, énergique, de nouveau redoutable.

> La France se meurt !
> La France renaît !
> Vive la France !

TOUJOURS ! (99)

IV

APPENDICE

(1). — Pays d'Hyesmes, dont la capitale fut détruite, jusque dans ses vestiges, par les Saxons.

(2). — L'actuel département du Calvados est coupé en deux par le cours de l'Orne, à peu près perpendiculaire à la mer. En grande partie, le côté occidental est le Bessin.

(3). — Dépressions du sol, au nombre de quatre (respectivement appelées *Tourneresse*, *Petite-Fosse*, *Grippesulais*, *Grande-Fosse*), dans lesquelles, après son confluent avec la Drôme, se perd la rivière d'Aure. Un peu plus bas, le cours, un moment souterrain, reparaît, émergeant dans une prairie humide, dite *Noue du Grand-Herbage*. Aussi, un filet va sourdre au fond des bassins de Port.

La légende raconte qu'autrefois un monstre fantastique, qui désolait le pays, avait établi son repaire dans les fosses boueuses du *Soucy* ; ainsi nommées, à cause des transes sans répit, où le voisinage du dragon tenait les pauvres paysans d'alentour. C'était une lamentation générale !

Mais, un jour, le sire d'Argouges alla tuer la terrifiante bête et, récompense extraordinaire de son haut fait, obtint la main de la belle et si bonne fée du mont d'Escures.

Une fiction différente du mariage de la fée d'Argouges est rapportée dans la note n° 24.

(4). — Aussi *Chrismat* ou *des Eglises*. Odon Ier de Conteville, frère du *Conquérant*, évêque de Bayeux, comte de Kent et vice-roi d'Angleterre, avait en particulière dilection le prieuré et l'école ecclésiastique qu'il fonda sur les ruines du monastère, élevé par Saint Vigor, au Mont Phaunus, à la place d'un fameux collège de Druides. C'était une commémoration monumentale et spirituelle du triomphe du Christianisme sur les cultes abolis. Dans les environs, furent édifiées de nombreuses églises : Saint-Floxel, Saint-Jean, Saint-Georges, Saint-Exupère, le prieuré et la chapelle de Saint-Nicolas-de-la-Chesnaie, Saint-Vigor-le-Petit, Sainte-Madeleine..... Couronné par le prieuré de Saint-Vigor-le-Grand et côtoyé de près par l'Aure, le Mont Phaunus domine Bayeux, qui est à l'ouest ; de l'autre côté, la pente s'affaise doucement vers le cours plus éloigné de la Seulles.

(5). — Les deux flèches qui surmontent les portails de façade, à droite et à gauche, et la tour, au-dessus du transept.

(6). — Chartes et anciens titres gratifient Bayeux du titre *civitas* ; ses habitants sont dénommés *cives* ; différence avec Caen et les caennais, qualifiés *Burgum* ou *Oppidum* et *Burgenses*. (Beziers. *Histoire s^{re} de la ville de Bayeux*, p. 8. — Caen, 1773.)

(7). — Les demi-lunes, redans, tenailles, ravelins, croissants, sont des retranchements pour barrer l'accès des ponts ou des portes de forteresse.

(8). — Léon Puiseux : *Siège et Prise de Caen*. — Caen, 1863, p. 31.

(9). — *La Complainte des bons Français*, traduite par Robinet, du latin de Robert Blondel.

(10). — Plus tard, le même théâtre fut témoin d'événements plus heureux, de forme moins tragique, surtout.

C'était pendant la nuit du 12 juillet 1762. De la flotte, bloquant le port du Hâvre, l'amiral anglais Rodney avait détaché une escadrille qui, à la faveur de l'obscurité, mit à terre des troupes de débarquement, pour s'emparer d'un gros de bateaux de commerce, réfugiés dans l'Orne, incendier Oyestreham et marcher sur Caen.

Le courage inventif du sergent garde-côtes conjura tous ces périls.

En l'occurence, Michel Cabieu, utilisant aussi la nuit pour illusionner les arrivants, fit montre d'un beau sang-froid et d'un esprit rapide et ingénieux : ses ruses, ses roulements de tambour, ses énergiques commandements à des troupes imaginaires, en imposèrent aux Anglais, pourtant experts dans l'art d'esbrouffer les gens : *The bluff*, comme ils disent. Trompés par l'aplomb du sergent — qu'on n'appela plus que *le Général* — les vaisseaux britanniques, embossés devant Ouistreham, supposèrent des troupes importantes, où il n'y avait qu'un brave. Ils n'osèrent pousser plus à fond leur attaque sur l'Orne. — Tout était sauvé !

Plus tard, la Convention confirma au sergent le titre de Général, déjà conféré par la reconnaissance publique. Une rue de Caen porte le nom de Michel Cabieu et, à Ouistreham, depuis 1900, une inscription lapidaire commémore ce haut fait.

(11). — La place Saint-Sauveur actuelle.

(12). — De Bras, historien de la ville de Caen.

(13). — Pendant longtemps, dit de Bras, dans l'église du Sépulcre, des peintures murales rappelèrent cette scène et les divers incidents du siège et de la prise de la ville.

(14). — Le 18 octobre 1813, la division Durutte était arrivée à Schonfeld, près de Leipsig. Alors s'engagea cette bataille, justement dite des *Géants*, qui dura deux jours et dont le désastre détermina la retraite de la Grande-Armée.

Le premier jour, jusqu'à trois heures, la victoire était pour nous, quand on vit, tout à coup, les Saxons s'élancer en avant; ils dépassèrent la ligne des troupes françaises, comme emportés par une ardeur irrésistible.

On crut à un mouvement héroïque. Courte admiration !

Traîtres à leurs alliés, ils passaient à l'ennemi, qui ouvrit ses rangs pour les recevoir; et, trahison infâme, leur artillerie, à peine arrivée à quelque distance, se mit en batterie et tira sur la division Durutte, qui suivait. A la deuxième décharge, le général Maury, en tête de sa brigade, fut frappé par trois boulets consécutifs et, pendant quelques secondes, on aperçut son corps, dont un bras et la tête étaient emportés, rester droit sur son cheval. La bête, affolée et sans maître, se précipita dans la direction des Saxons; ainsi le Général, mort, tomba au pouvoir de l'ennemi, sur lequel il chargeait toujours. (Lieutenant Paimblant du Rouil : *Cent trente et unième* : SES CHEFS DE CORPS, 1892).

(15 et 16). — Léon Puiseux : *L'Emigration Normande*, Caen, 1866, page 17.

(17). — Poëme anglais, par un témoin oculaire et historien du siège de Rouen, publié dans le Tome XXI des *Mémoires de la Société royale de Londres*.

(18). — Près des ruines de l'église, une grande ferme s'est installée dans les restes très intéressants, d'aspect belliqueux encore, de ce châteaufort, sis en la commune de Huppain.

(19). — Conservées dans les *Rôles Normands* de la collection de Brequigny.

(20). — Tom. VI. Liv. XXXVII ; Chap. XII et XXV.

(21). — La reddition de Bayeux, précédée par la prise de Caen, dut avoir lieu le 9 ou le 19 septembre 1417. Léon Puiseux et Raoul Postel adoptent le dernier de ces quantièmes et l'examen des documents de l'époque porte à penser de même. Dans la copie de Bréquigny est omise la date du traité, dont les clauses litigieuses furent l'objet de commentaires postérieures, les 26 et 29.

(22). — Le roi d'Angleterre, entré à Bayeux, le 10 mars 1418, habita le château, jusqu'au 21 ; ce jour, il quitta la ville, pour aller prendre part au siège de Cherbourg.

(23). — C'était une folle cavalcade.

Le ciel, plein d'étoiles, fut bientôt éclairé par la lune, sous laquelle des nuages rares passant faisaient d'intermittentes obscurités et, dans sa fuite rapide, Guillaume ne pouvait fixer son regard sur les objets.....

Anxieux, le *Bâtard* interrogeait la nuit, alors que son oreille, retenue par la poursuite des barons, s'emplissait de leurs voix et du froissement de leurs armes.....

Mais voilà une coulée d'argent qui miroite aux rayons de la lune : c'est la baie des Veys, où se jette la Vire et qu'aux gués de Saint-Clément, on peut passer, à marée basse. Fatalité ! Le cours des rivières, élargi par la poussée de la mer, va-t-il, d'un trait irrémédiable, barrer le sort du jeune duc ! Non ! on peut traverser ; les eaux sont retirées. Heureuse Providence ! L'intervalle diminuait, ils allaient le joindre ; mais, à la faveur de l'eau franchie, peut-être pourra-t-il tromper leur recherche......, les égarer encore....., reprendre de l'avance....., leur échapper.....?

Guillaume se lance à l'aventure, à travers l'eau et les sables mouvants.

Son cheval enfonce, ralenti dans son allure. Enfin, voici la terre ferme !..... Mais les conjurés ont piqué droit, où Guillaume a un peu dévié. Dans ce passage dangereux, il s'est attardé et, presqu'en même temps, les Barons débouchent sur le rivage ; ils sont sur lui..... ; le jour naît..... ; ils vont l'apercevoir. Le *Bâtard* n'a que le temps de se jeter derrière une haie, en bordure de la route. Aussitôt, comme un ouragan, les poursuivants arrivent : emportés par le galop des chevaux, ils passent près du fugitif, heureusement sans le voir. Dieu soit béni ! Il est sauvé..... du moins pour le moment.

.....au loin, déjà, on entendait, vers Bayeux, les Barons s'éloignant à toute bride.....

(Capitaine Paimblant du Rouil: NORMANNIA, extrait du chapitre : « *Criminelle tentative des Barons normands, à Valognes* ».)

(24). — *Combat de Robert d'Argouges, contre le Géant Brun. La Fée d'Argouges*. Bien bonne la fée d'Argouges ; bonne autant que puissante. Elle s'ingéniait à être agréable autour d'elle. On la vénérait, on l'aimait, sans la connaître ; car ils étaient rares ceux qui pouvaient se vanter de l'avoir vue. Modeste et bienfaisante, la fée obligeait tout le monde, sans réclamer la moindre requête. Elle devinait tous les désirs d'alentour ; pas davantage, elle n'exigeait le plus petit remerciement. C'était une fée bien accommodante ; jamais si contente qu'après un service rendu.

Dans son existence mystérieuse, on connaissait une seule passion : la chasse. A la tête d'une troupe de jeunes Dames-blanches, montées sur des chevaux, à la robe éblouissante comme la neige, on l'apercevait parfois, traversant les bois, à la poursuite de quelque faon rapide. Le plus souvent, sans qu'on les vit, la brise apportait du loin le son, d'une douceur infinie, de leurs trompes de chasse. Toutes, plus jolies les unes que les autres, elles n'étaient surpassées en beauté que par leur reine elle-même.

Plus heureux que beaucoup, le seigneur d'Argouges, un jour qu'il chassait lui-même, rencontra la fée et ses suivantes. Le galop des chevaux n'empêcha pas leurs regards de se croiser. Des deux côtés, ce fut ce que, depuis, on a appelé le « Coup de foudre » et, dès lors, la Dame entoura plus particulièrement de sa sollicitude, le cher seigneur, qui avait ému son cœur de fée.

Les Anglais d'Henri 1er étaient devant Bayeux (1105) et, dans les rangs des assiégeants, un géant terrible, Brun-le-Danois, répandait la terreur parmi les défenseurs de la ville. Il venait, sous les murs, défier insolemment les plus fameux guerriers. Lui répondre équivalait à signer son arrêt de mort ; car Brun tuait aisément et sans pitié tous ceux qui osaient se mesurer avec lui. Ses provocations redoublant d'arrogance, Robert d'Argouges ne voulut les endurer davantage : il accepta le combat singulier proposé. C'était une désolation, par la ville, de voir un seigneur tant accompli, si séduisant, si brave, courir au devant d'un trépas assuré. Bien des yeux féminins se mouillaient et chacune le dissuadait de son audacieux projet. Rien n'y fit : le jour convenu, les habitants étaient sur les murs, pour assister à la rencontre. De l'autre côté, l'armée anglaise se disposait à applaudir à l'habituelle victoire de son champion. Quelles ne furent la surprise des assiégeants et la joie des Bayeusains ! A peine les deux écuyers étaient-ils en présence, on vit que les choses n'allaient peut-être pas finir comme de coutume. A la première passe, Brun eut fort à faire, pour esquiver le fer français. Sans que personne s'en doutât, invisible, la bonne fée était de la partie. Elle conduisait si adroitement le bras et la lance de Robert, que Brun ne savait arriver assez vite à la parade. Non seulement, il n'avait pas le temps d'attaquer son adversaire, mais celui-ci était si pressant — à droite, à gauche ; partout à la fois — qu'exténué, à bout de souffle, le géant n'eut bientôt plus la force de se défendre. Un coup de lance releva la visière de son casque, qui fut jeté à terre et l'on vit l'effroi, sur ce visage affreux, habitué à se rire de l'agonie des vaincus. Il allait bientôt passer par des transes pareilles. Un dernier coup droit l'atteignit en pleine poitrine, crevant son armure et — désarçonné, sans vie — il roula dans la poussière, auprès de son casque empanaché. Sur les remparts, ce furent des acclamations sans fin : les fanfares françaises éclatèrent, victorieuses ; tandis que les anglais, silencieux, se retiraient, dévorant la honte de la défaite de leur guerrier, invaincu jusqu'alors.

Sur sa joue, Robert sentit, en ce moment, le souffle embaumé d'un baiser et, à son oreille, murmura une voix surnaturelle : « Bravo, mon bien aimé ! ».

C'était la fée ; mais comment la revoir ; comment lui dire sa gratitude ? Robert épuisait ses chevaux les plus vigoureux à battre la campagne. Quand il entendait le cor des chasseresses, il se lançait en de folles, mais vaines chevauchées ! Désespoir ! Il allait tomber malade. Son aimable protectrice ne le voulait pas, heureusement. Attendrie par la constance infatiguée de cette recherche, Robert la trouva, un jour, à l'orée d'un bois, en avant de son escorte de Dames-blanches. Pas ne fut lent le seigneur en l'expression de sa flamme. La reconnaissance, le désir, l'avaient fait si éloquent, si persuasif, que la fée — déjà convaincue — ne tarda pas à l'écouter favorablement : au noble soupirant elle accorda sa main ! Ce furent des réjouissances étonnantes, telles que les mémoires ne se rappelaient rien de semblable. Quelquefois, on avait vu des rois épouser des bergères ; mais jamais les fées prendre mari ici-bas. C'est ce qu'on vit cependant et la fée, s'unissant à un simple mortel, devint en justes noces, la Bonne-Dame de gentil Seigneur d'Argouges.

Au bonheur de Robert, elle avait mis une condition : *ne dire jamais devant elle le mot* MORT. La fée était si bonne, si belle ; il l'aimait tant, que jaloux de la garder toujours, le seigneur ne manquait pas à sa promesse. De beaux enfants augmentaient encore la joie des époux. On était heureux au château d'Argouges !

Mais tout a une fin, même pour les fées : un jour que tous deux devaient assister à un tournoi, à Bayeux, la Dame s'attarda à revêtir ses atours. Dans la cour, le palefroi hennissait, sur lequel elle devait monter en croupe, et le seigneur s'impatientait. « Enfin, dit-il à sa femme, descendant l'escalier de la tourelle : « Belle dame, seriez bonne à quérir la mort ; car êtes bien longue en vos besoignes ! » A peine le fatal mot était-il hors de sa bouche, que l'engagement promis revint en sa souvenance.

Trop tard !

Touchée au cœur, sa femme, tant chérie, poussa un cri déchirant. Elle remonta les marches et l'on entendit s'ouvrir la fenêtre de l'escalier. Levant la tête, il aperçut alors une vapeur blanche s'élever dans le ciel. C'était son épouse, la bonne fée, qui s'envolait, laissant l'empreinte de son pied sur l'appui de la fenêtre ouverte.

Le Bonheur avait disparu ; jamais plus on ne vit Robert sourire.

La nuit des Trépassés, en longue robe blanche, la fée revient errer, par les douves et les fossés du château seigneurial (*) ; des larmes coulent sur son visage, et l'on entend ses lugubres gémissements : LA MORT ! LA MORT !

C'est navrant !

(Capitaine Paimblant du Rouil : NORMANNIA ; extrait du Chapitre *Histoires de fées*.)

(25). — L. Puiseux. *Siège et prise de Rouen par les Anglais, 1418-1419.* Caen, 1867, page 119.

(26). — Expression d'un poète anglais, témoin du siège ; *Siège of Roan*, dans l'Archéologia, t. XXI.

(27). — Léon Puiseux. *Emigration Normande.* Caen, 1866, page 11 et 12.

(28). — Léon Puiseux. *Siège de Rouen.* Caen, 1867. Chap. XIX, page 193.

(29). — *Etudes sur l'administration de la justice en Normandie.* Chap.

(*) Ce château — une ferme aujourd'hui, — est sur la commune de Vaux-sur-Aure. Près de son entrée, on voit toujours la vieille chapelle. Tous deux ont exercé le crayon et le pinceau des artistes. Le toit du Saint Lieu s'est effondré ; les arbres et le lierre poussent dans le sanctuaire. Le manoir, reconstruit dans le style de la Renaissance, conserve des détails d'architecture intéressants, des fossés pleins d'eau, des tours crénelées, dignes de la curiosité des archéologues et de la visite des amateurs de pittoresque.

La fermière montre, sur le bord de la fenêtre, la marque du pied de la fée ; mais il faut une imagination féconde, pour reconstituer l'empreinte merveilleuse.

vii des *Mémoires de la Société d'Agriculture et des Belles-Lettres* de Bayeux. Tom. iii, p. 174.

(30). — Raoul Postel : *Siège de Bayeux*. Caen. 1873, p. 62.

(31). — *Chronique du roi Charles VI*. Chap. xxv.

(32). — Robert Blondel: *Complanctus bonorum Gallorum*. C. XIX.

(33). — *Archives municipales de Rouen*, tir. 4 : N° 3.

(34). — *Abrégé français des Grandes Chroniques de Saint-Denys*.

(35). — Léon Puiseux : « *Emigration normande* », page 3.

(36). — L. Puiseux : *L'Emigration normande*. Caen, 1866, p. 27.

(37). — L. Puiseux : « *La Colonisation anglaise en Normandie* ». Caen, 1866, page 32.

(38). — En voir la nomenclature (nobles et bourgeois) dans le *Siège de Bayeux*, p. 65 et suivantes, et 79, et dans l'*Emigration normande*, p. 100 et suiv.

(39). — Raoul Postel : *Siège de Bayeux*. p. 80 et 81.

(40). — Raoul Postel : *Siège de Bayeux*, Caen, 1873, p. 95.

(41). — Juvénal des Ursins : *Histoire de Charles VI*, Paris, 1614, p. 429 et 437.

(42). — Ou Mixtondin. L. Puiseux : *Colonisation anglaise en Normandie*, au xii° siècle. Caen, 1866, p. 61.

(43). — Raoul Postel : *Siège de Bayeux*. Caen. 1873, p. 95.

(44). — L. Puiseux : *Emigration normande*. Caen, 1866, p. 65 et 66.

(45). —
    Quarta die Paschæ erat, cum clerus ad hujus
    Quæ jacet hic vetulæ venimus exequias
    Lætitiæ que diem, magis amississe dolemus
    Quam centum tales si caderant vetulæ.

(46). — Historien et critique, frère de Jean Masson, archidiacre de Bayeux.

(47). — Premier valet de chambre de Marie-Thérèse, femme de Louis XIV.

(48). — Cidre.

(49). — L'époque de cette mort est incertaine : si d'aucuns la font arriver le jour de Formigny (1450), d'autres la mettent à Vire (1418), lors du siège des Anglais. Dans les deux cas, le poète serait tombé les armes à la main.

(50). — *Alain*, le poète patriote, clerc et secrétaire de Charles VII fut, à plusieurs reprises, chargé d'importantes ambassades. A l'égal de ses talents, ses sentiments français inlassables, justifient la statue, élevée, à Bayeux, par la « *Société des Sciences, Arts et Belles-Lettres* ».

Guillaume fut évêque de Paris :

Jean, moine, puis Grand chantre de l'Abbaye de Saint-Denys, fut nommé historiographe du royaume en 1437. Il a laissé de remarquables *Chroniques* du temps.

(51). — Victoire anglaise, en Picardie, 1415.

(52). — « *Super deploratione Gallicæ Calamitatis* ».

(53). — Autrefois, le diocèse de Bayeux, par une « extension » dans celui de Coutances, s'étendait jusqu'auprès de cette ville.

(54). — Il étudia aux Ecoles de Paris et, comme les trois Chartier, entra dans le clergé. Il fut attaché à la famille royale, en qualité de précepteur des princes.

(55). — L. Puiseux : « *La Colonisation anglaise* ». Caen, 1866, p. 43.

(56). — Traduction de Valet de Viriville. Les œuvres de Robert Blondel sont écrites en vers latins.

(57). — Léon Puiseux : « *L'Emigration Normande* ». Caen, 1866, page 47.

(58). — Une clause instituait le roi d'Angleterre comme héritier présomptif de la couronne de France, au préjudice du Dauphin français, dépossédé.

(59). — Quelle qu'ait été la répulsion de Catherine pour épouser le roi d'Angleterre, l'amour du bien public la fit se soumettre. Sa mort, pendant la nuit de noces, est de pure imagination.

(60). — *L'émigration Normande et la colonisation anglaise en Normandie*, au XVe siècle, Caen, 1866, p. 35.

(61). — Observatoire d'un panorama merveilleux, le castel qui dresse, entre Mantes et Vernon, son donjon démantelé, en haut du versant, sur la rive gauche de la Seine, fut rival en puissance de celui de Gisors et du Château-Gaillard des Andelys. Depuis sa naissance, en 863, cette forteresse — demeure seigneuriale — a beaucoup occupé l'histoire ; ses fastes de vaillance, d'esprit et de plus récentes mondanités empliraient un livre, duquel suit une page romanesque :

Après l'épisode héroïque de Pérette de la Rivière ; ce fut, en 1590, l'aventure plutôt gaie de la Comtesse de la Roche-Guyon, toute belle marquise de Guercheville. Recevant le *Béarnais*, le soir d'une partie de chasse, la dame l'accueillit avec apparat et fit donner, au royal visiteur, le plus beau lit de céans ; mais, elle, allant coucher chez une amie, à deux lieues de là, sut abriter aussi sa vertu des assauts prévus de l'entreprenant monarque.

A la Roche-Guyon, Henri IV de France, déçu, ne triompha pas mieux de la châtelaine, qu'en tragique occurence, plus d'un siècle et demi auparavant n'avait fait Henri V d'Angleterre. Tout de même, la défensive de la tant désirable marquise n'éprouva pas les mêmes conséquences que le patriotisme de Pérette de la Rivière. Du tac au tac, à la parade imprévue, Henri, habile escrimeur, riposta par un dégagement spirituel : en galant homme et bon joueur, non plus en vert galant, le roi salua de l'épée. Entendant rouler le carosse qui dérobait la belle convoitée : « Dame d'honneur elle est, fit-il, dame d'honneur elle sera », et il la nomma dame d'honneur de Marie de Médicis.

A renard gascon, fine poule de Normandie !

(62). — « *La Guerre de Cent Ans* », par Siméon Luce, étude sur Perrette de la Rivière, et « *Chronique du Religieux de Saint-Denis* », édit Bellaguet, VI p. 311-313.

(63). — L. Puiseux : *Mémoires de la Société des Antiquaires de Normandie*, XIX, vol. p. 149 et 150.

(64). — Monstrelet : Tom. VI.

(65). — *Chronique de Normandie*.

(66). — L. Puiseux : *Insurrections en Normandie*.

(67). — *Histoire anglaise*. Tom. XXIII. p. 483.

(68). — Thomas Basin : *Breviloquium peregrinationis*.

(69). — Charles VI, le *dément*, et Charles VII qui, encore, ne songeait qu'aux plaisirs, pour le détriment du salut de la France.

(70). — Emigrée de Paris, jusqu'aux bords de la Loire : puis de ville en ville, la cour avait échoué à Bourges. Dès lors, on appela Charles VII le *petit roy de Bourges*.

(71). — Gabriel Hanotaux : l'*Energie française*.

(72). — Gabriel Bonvalot : *Opinion sur l'avenir de l'Afrique du Sud*.

(73). — L. Puiseux : *Emigration Normande*. Caen. 1866. p. 87 et 88.

(74). — Charles d'Orléans.

(75). — Chant guerrier, cité dans la « *Presse* » du 31 Décembre 1853, et, à tort, semble-t-il, attribué à Olivier Basselin.

(76). — Marcial de Paris : *Comment le roy Charles reconquist la France et le duché de Normandie et les nobles vaillances qui furent faites*. XVe siècle.

(77). — Monstrelet, édition de 1595. Tom. 3, page 26.

Encore aujourd'hui, on utilise les pointes acérées, chausses trapes, chevaux de frise, trous de loup, pour le même usage. Les Chinois, grands remueurs de terre, aiguisent des morceaux de bambou, qu'ils fichent dans les abords des retranchements.

(78). — Lettre datée de Saint-Lô, le 19 avril 1450.

(79). — Le gué de la baie des Veys, à l'embouchure de la Vire.

(80). — L'importance de la *lance*, unité tactique, a varié avec le temps et surtout selon le nombre des clients du seigneur qui commandait : il y avait le porteur de lance, accompagné de satellites, servants ou sergents d'armes. Ces satellites ont été de trois à quatorze. Les uns combattaient près de leur seigneur ; les autres le servaient seulement. Les sergents d'armes n'avaient pas toujours le même armement que leur chef de file. On a vu parmi eux des arbalétriers, des archers, des chevau-légers, des coutiliers, des écuyers, des guisarmiers, des pages, des valets.

(81). — L'auteur de cette relation.

(82). — Cette ruse hardie reporte l'esprit vers les audaces d'Annibal ; aussi, elle fait penser à l'admirable ingéniosité de Dewet, le commandant boër, lançant son troupeau de bestiaux, sur la ligne des blockaus et des réseaux de fil de fer, entre lesquels le général Kitchener avait enserré les troupes du Transvaal. Malgré 23 colonnes anglaises, concentrées pour la perte du chef héroïque, malgré les fils de fer et les blockaus, Dewet, à la faveur du désordre, jeté par l'irruption des bœufs dans les rangs de ceux qui fermaient déjà la main pour le saisir, leur glissa entre les doigts. Déception ! Quand Kitchener rouvrit la main, elle était vide !

(83). — La victoire des Français, à Castillon 1453, mit fin à l'occupation anglaise, en Guienne. En France, Calais, seul, demeurait encore aux Anglais.

(84). — F. de Barghon Fort-Rion.

(85). — L'église du village est sous le vocable de St-Martin. Le valeureux soldat — prochain évêque de Tours — sculpté au-dessus du portail, paraît, donnant la moitié de son manteau à un malheureux transi de froid. Dans la chapelle St-Louis, sont conservés les anciennes armes, déterrées des sillons d'alentour.

(86). — Belles cruches sphériques en cuivre, de forme artistique et rebondie, employées, dans le Bessin, pour recueillir le lait.

(87). — Cette poétique supposition, appliquée à la journée de Formigny, s'accorde mal avec la date de 1418, généralement assignée à ce fatal événement.

(88). — Ch. de Bourgueville, sieur de Bras, lieutenant de M. le Bailly de Caen, 1548.

(89). — Depuis 1446, Mathieu God commandait la ville et chastel de Bayeux, pour le roi d'Angleterre.

(90). — Béziers : *Histoire de la ville de Bayeux*, Caen, 1773, p. 23.

Saint Regnobert, 2ᵉ évêque de Bayeux, placé par l'Eglise au nombre des saints : une chasuble, une étole, un manipule, lui ayant servi, sont conservés comme reliques.

(91). — Dans *Les antiquités de la duché de Normandie*, de Bras dit : « En la dicte ville de Bayeux, il y a une belle Eglise Cathédrale, la plus magnifique de la province, après celle de Rouen..... tout en haut de la tour du miten, est posée la plus grosse horloge de ce Royaume qui a, au circuit, quatre clochettes ou chanterelles, lesquelles, de bonne armonie et accord, avant que l'heure sonne, font entendre le commencement de cette antienne : *Regina cœli lœtare* et, à la demie, *Alleluia !* »

Les clochettes d'alors sont devenues un carillon plus complet : à tous les quarts d'heure, il « chante » différents cantiques, appropriés aux quantièmes grands fériés du comput ecclésiastique.

(92). — Batterie de tambours, par laquelle les assiégés annonçaient aux assiégeants qu'ils étaient réduits aux abois. C'était une ouverture de capitulation.

(93). — Sonnerie à grande volée, de toutes les cloches, aux entrées des rois, des princes et des évêques et dans les grandes solennités (*Abbé Lelièvre*).

(94). — Au fond du golfe de Normandie, non loin d'une falaise et d'une grève sauvages, l'église de Fontenailles — simple chapelle aujourd'hui — n'a plus de pasteur : les fidèles vont à Longues, faire leurs dévotions. L'intérêt s'accroche cependant au modeste édifice qui, naguère, posséda une relique précieuse : sa cloche, solitaire dans la petite tour carrée : toute seule aussi — et plus remarquable en cela — par la date de sa fusion — 1202 — qui en fait la doyenne campanaire de France. Devenue paralytique, la cloche ancestrale, ignorée longtemps, repose, sur un socle, au Musée de Bayeux.

Un jour ses tourillons, mal solides, l'avaient laissée choir, depuis le haut du clocher : elle s'était fendue. Maintenant, la langue est muette de cette bouche d'airain : le battant n'y frappe plus la paroi fêlée et, si elle se remettait en branle, la glorieuse cloche, sa voix de vieille serait bien cassée, pour dire encore les lointains récits de tant de choses vues.

(95). — Béziers : *Histoire de la ville de Bayeux*. Discours préliminaire, page XXXIV.

(96). — Manuscrit du XVᵉ siècle, chansons. — Cité par Ed. Lambert, dans le *Mémoire sur la Bataille de Formigny*. — Caen, 1824, p. 14.

Coué, adj., vieux terme de chasse, trouve-t-on dans le Dictionnaire de Trévoux (Tome II, p. 956-957), se dit des animaux à qui on n'a point ôté la queue. On appelle les Anglais *couez* parce qu'en 599, ceux de Dorchester attachèrent des grenouilles par dérision au derrière de celui que le Pape Grégoire avait envoyé pour leur prêcher l'Evangile : en punition de quoi, comme on le conte, ceux de cette province naissent avec une queue au bas du dos, ce qui les a fait appeler Anglois *coués*.

Pendant l'occupation anglaise, la haine des Normands opprimés, qui qualifiait l'envahisseur de surnoms dérisoires (voir p. 18), les gratifiait aussi d'un appendice caudal ridicule.

Inutile d'aller chercher le fameux *hommes à queue* dans quelque tribu de l'Afrique mal connue ; on risquerait de revenir bredouille. Souvent on va quérir au loin ce qu'on a sous la main : tel cherche ses lunettes qu'il a sur le nez. Les *hommes à queue*, c'est à Dorchester, dans notre vieille Europe, qu'ils sont ; du moins, un docte dictionnaire l'affirme.

(97). — Rob. Cenalis, 1555.

(98). — « *Les Messéniennes* », Casimir Delavigne.

(99). — Le « *Toujours !* » français, réplique à la devise « *Jamais !* » du roi Anglais, Henri V (voir la fin du chapitre Iᵉʳ, p. 8.)

Bayeux. — Imprimerie Saint-Ange Duvant

www.ingramcontent.com/pod-product-compliance
Lightning Source LLC
LaVergne TN
LVHW020043090426
835510LV00039B/1388